Menüs

blitzschnell und super einfach

Menüs
blitzschnell und super einfach

Text: Cornelia Adam
Rezeptfotos: Jörn Rynio

Inhalt

Übrigens: Auf den Textseiten finden
Sie in der linken Spalte die Vorspeisen,
in der Mitte die Hauptspeise und rechts
die Nachspeise.

Rinderfilet mit Fetakruste

Zutaten für 4 Personen

8 TK-Kartoffelpuffer, 6 EL Öl
4 Rinderfiletsteaks (je ca. 180 g)
Salz, Pfeffer
2 Tomaten (gesamt ca. 150 g)
1 Bund Basilikum
150 g Feta (griechischer Schafskäse)
40 g Pinienkerne, 1 Eigelb

Zubereitungszeit: ca. 25 Min.
Pro Portion ca. 885 kcal · 51 g E ·
38 g F · 19 g K

STEAKS EINMAL ANDERS

1 Den Backofen auf 200° vorheizen.
Die Kartoffelpuffer portionsweise in
4 EL Öl braten. Herausnehmen und
so auf ein Backblech legen, dass sich
immer 2 Puffer überlappen.

2 Das restliche Öl in der Pfanne erhitzen und die Filetsteaks darin bei
starker Hitze auf jeder Seite 1 Min.
anbraten. Hitze reduzieren, salzen,
pfeffern und auf jeder Seite noch
1 Min. weiterbraten. Die Tomaten waschen, in 8 Scheiben schneiden und
auf den Kartoffelpuffern verteilen.
Die Steaks darauf legen.

3 Das Basilikum waschen, trockentupfen und die Blättchen abzupfen.
Einige zum Garnieren beiseite legen,
den Rest mit dem Feta und den Pinienkernen pürieren. Das Eigelb unter-
mengen, salzen und pfeffern. Auf
den Steaks verteilen.

4 Im vorgeheizten Backofen (Mitte,
Umluft 180°) ca. 10 Min. überbacken.
Mit den Kartoffelpuffern und den
Tomatenscheiben anrichten.

Dazu: Gemischter Blattsalat mit
Kapern-Vinaigrette

Getränk: Kräftiger Bordeaux

Frühling

Zutaten für 4 Personen

5 EL Öl
4 Weizentortillas (Fertigprodukt)
1 Bund Schnittlauch
150 g Meerrettich-Frischkäse
1 EL Zitronensaft
Salz, Pfeffer
200 g Räucherlachs in Scheiben
100 g Blattspinat
2 EL Apfelessig

Zubereitungszeit: ca. 15 Min.
Pro Portion ca. 449 kcal · 21 g E ·
31 g F · 21 g K

RAFFINIERT

Tortillaröllchen mit Lachs

(großes Bild)

1 In einer Pfanne 2 EL Öl erhitzen und die Tortillas beidseitig anbraten. Herausnehmen und auf eine Arbeitsfläche legen.

2 Den Schnittlauch waschen und trockentupfen. Acht Halme beiseite legen, den Rest in Röllchen schneiden. Frischkäse, Zitronensaft und Schnittlauch verrühren, salzen und pfeffern.

3 Den Frischkäse auf die Tortillas streichen und mit dem Lachs belegen. Die Tortillas aufrollen und mit je zwei Schnittlauchhalmen zusammenbinden.

4 Den Spinat putzen, waschen und abtropfen lassen. Den Essig

mit Salz, Pfeffer und dem restlichen Öl verrühren. Den Spinat damit beträufeln und mit den Röllchen anrichten.

Getränk: Champagner

Variante
Fertige Tortillas können Sie durch selbst gebackene pikante Pfannkuchen ersetzen.

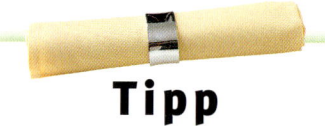

Tipp

Morgens zubereiten, abends genießen: Die Lachsröllchen können Sie schon einige Stunden vorher zubereiten und bis zum Servieren im Kühlschrank aufbewahren. Den Spinatsalat aber auf jeden Fall frisch zubereiten.

Zutaten für 4 kleine
Souffléförmchen

4 unbehandelte Limetten, ersatzweise Zitronen
3 Eier
80 g Zucker
500 g Magerquark
1 Prise Salz
5 EL gemahlene Mandeln
Fett für die Förmchen
Puderzucker zum Bestäuben

Zubereitungszeit: ca. 25 Min.
Pro Portion ca. 323 kcal · 24 g E ·
13 g F · 28 g K

ERFRISCHEND

Limetten-Quark-Soufflé

(kleines Bild)

1 1 Limette heiß abwaschen, abtrocknen, die Schale abreiben. Alle 4 Limetten auspressen. Den Backofen auf 180° vorheizen.

2 Die Eier trennen. Die Eigelbe mit dem Zucker in eine Schüssel füllen und zu einer hellgelben, cremigen Masse rühren. Den Magerquark gut abtropfen lassen und mit dem Limettensaft und der -schale unterrühren.

3 In einem Rührbecher die Eiweiße mit einer Prise Salz sehr steif schlagen. Den Eischnee und 3 EL gemahlene Mandeln unter die Quarkcreme heben.

4 Den Boden der Souffléförmchen einfetten und mit den restlichen gemahlenen Mandeln ausstreuen. Die Förmchen jeweils zu zwei Drittel mit der Mischung füllen und im vorgeheizten Backofen (unten, Umluft 160°) in 20–25 Min. goldbraun backen.

5 Die Soufflés herausnehmen, mit Puderzucker bestäuben und sofort servieren.

Tipp

Eine Auflaufform kann die Portionsförmchen ersetzen. Die Zubereitung und die Garzeit bleiben gleich.

Ablauf

1. Tortillaröllchen vorbereiten und kalt stellen
2. Backofen auf 250° vorheizen, Rinderfilet und Fetakruste vorbereiten
3. Soufflémasse ohne Eischnee zubereiten
4. Rinderfilet in den Backofen schieben
5. Vorspeise servieren
6. Temperatur des Backofens auf 180° reduzieren
7. Nach dem Servieren des Hauptgangs den Eischnee unter die Soufflémasse heben
8. Soufflé backen

Frühlingszwiebel-Pizza mit Schinken

(großes Bild, hinten)

Zutaten für 1 Pizzaform mit 30 cm Ø
$^1/_2$ Bund Frühlingszwiebeln
2 EL Butter
2 Knoblauchzehen
100 g gekochter Schinken in Scheiben
150 g Crème fraîche
100 g frisch geriebener Parmesan
Salz, Pfeffer
1 Prise frisch geriebene Muskatnuss
Fett für die Form
400 g Pizzateig (Fertigprodukt aus
dem Kühlregal)

Zubereitungszeit: ca. 15 Min.
Pro Portion ca. 589 kcal · 23 g E ·
36 g F · 45 g K

WENIG AUFWAND

1 Die Frühlingszwiebeln putzen, waschen und in Ringe schneiden. In einer Pfanne die Butter erhitzen und die Zwiebeln darin 5 Min. andünsten. Den Knoblauch pellen und dazupressen. Die Pfanne vom Herd nehmen.

2 Den Backofen auf 220° vorheizen. Den Schinken in Streifen schneiden. Mit der Crème fraîche und der Hälfte des Parmesans in die Pfanne zu den Frühlingszwiebeln geben und alles gut verrühren. Mit Salz, Pfeffer und Muskat kräftig würzen.

3 Die Pizzaform fetten. Den Teig ausrollen und hineinlegen. Die Mischung darauf verteilen und dabei einen ca. 1 cm breiten Rand lassen. Den restlichen Parmesan darüber streuen und im vorgeheizten Backofen (Mitte, Umluft 200°) 20 Min. backen.

Dazu: Tomatensalat mit Basilikum-Vinaigrette

Getränk: Chianti

Hähnchenbrust mit grüner Sauce

(großes Bild, vorne)

Zutaten für 4 Personen
2 Eier
1 Bund gemischte Kräuter (Sauerampfer, Petersilie, Schnittlauch, Dill, Kerbel)
200 g saure Sahne
250 g Sahnequark
2 EL Zitronensaft
1 TL scharfer Senf
Salz, Pfeffer
4 Hähnchenbrustfilets (je ca. 150 g)
3 EL Butter

Zubereitungszeit: ca. 35 Min.
Pro Portion ca. 462 kcal · 42 g E ·
23 g F · 19 g K

KLASSIKER

1 Die Eier in 10 Minuten hart kochen, abschrecken, pellen und auskühlen lassen. Die Kräuter waschen, trockenschütteln, je nach Sorte abzupfen und alle fein hacken.

2 In einer Schüssel die saure Sahne mit dem Quark, dem Zitronensaft und dem Senf verrühren. Salzen und pfeffern. Die Eier fein hacken und mit den Kräutern untermischen.

3 Die Hähnchenbrustfilets in der restlichen Butter rundum kräftig anbraten und dann bei reduzierter Hitze fertig braten. Salzen und pfeffern. Die Filets mit der grünen Sauce auf 4 Tellern anrichten.

Dazu: Kleine neue Kartoffeln

Getränk: Frischer Weißwein, z. B. Soave aus Italien

Crêpes mit Rhabarberfüllung

(kleines Bild)

Zutaten für 4 Personen
3 Eier, 100 g süße Sahne
100 g Mehl, 1 Prise Salz
3 EL Zucker, 750 g Rhabarber
100 g Puderzucker
Saft von $^1/_2$ Zitrone, 1 TL Zimt
4 EL Butterschmalz zum Ausbacken
Puderzucker zum Bestäuben
Minze nach Belieben

Zubereitungszeit: ca. 15 Min.
Pro Portion ca. 417 kcal · 9 g E ·
18 g F · 53 g K

AUS FRANKREICH

1 Die Eier mit der Sahne, dem Mehl, dem Salz und dem Zucker zu einem glatten Teig verrühren und 15 Min. ruhen lassen.

2 Inzwischen den Rhabarber abziehen und in ca. 3 cm lange Stücke schneiden. Mit dem Puderzucker, Zitronensaft und Zimt in einem Topf mischen und bei milder Hitze zugedeckt etwa 10 Min. dünsten.

3 In einer großen, möglichst beschichteten Pfanne 4 Crêpes in je 1 EL Butterschmalz ausbacken. Den Rhabarber darauf verteilen und die Crêpes zweimal zu spitzen Tüten falten. Mit Puderzucker bestäuben und mit Minze garnieren.

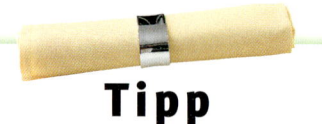

Tipp

Crêpes vorzubacken ist möglich. Dafür backen Sie die Crêpes aus und legen Sie auf ein leicht gefettetes Backblech. Mit gefettetem Pergamentpapier abdecken und bei 60° im Ofen warm halten. Die Crêpes trocknen noch weniger aus, wenn Sie eine Schüssel mit heißem Wasser in den Ofen stellen.

Ablauf

1. Backofen auf 220° vorheizen
2. Pizza belegen
3. Kräutersauce und Hähnchen vorbereiten
4. Pizza in den Backofen schieben
5. Crêpeteig zubereiten
6. Rhabarber zubereiten

Kohlrabisuppe mit Forelle
(großes Bild, hinten)

Zutaten für 4 Personen
1 kg Kohlrabi
1 kleine Zwiebel
2 EL Butter
1 l Gemüsebrühe
1 Bund Petersilie
250 g geräucherte Forellenfilets
Salz, Pfeffer

Zubereitungszeit: ca. 15 Min.
Pro Portion ca. 251 kcal · 18 g E ·
10 g F · 12 g K

GELINGT LEICHT

1 Die Kohlrabi schälen und klein würfeln. Die Zwiebel pellen und fein hacken. Die Butter in einem Topf erhitzen und die Zwiebel- und Kohlrabiwürfel darin andünsten. Mit der Gemüsebrühe aufgießen und zugedeckt 15 Min. köcheln lassen.

2 Die Petersilie waschen, trockentupfen und fein hacken. Die Forellenfilets in mundgerechte Stücke teilen.

3 Die Suppe mit Salz und Pfeffer würzen. Die Petersilie und die Forellenfilets darauf verteilen.

Dazu: Getoastetes Bauernbrot

Getränk: Weißwein, z. B. Sylvaner aus Franken

Variante
Wer es etwas cremiger mag, kann die Hälfte der Kohlrabiwürfel mit dem Mixstab pürieren und 2 EL süße Sahne unter die Suppe rühren. Die Würfel wieder zugeben und die Kohlrabi-Cremesuppe mit Petersilie oder klein gehacktem Kohlrabigrün bestreuen. Die Forellenfilets darauf verteilen.

Mettbällchen auf Sahnegurken
(großes Bild, vorne)

Zutaten für 4 Personen
800 g Schweinemett
250 g Kräuterquark
4 EL Semmelbrösel
1 Knoblauchzehe
Salz, Pfeffer
2 EL Öl
2 kleine Gurken (gesamt ca. 900 g)
1 kleine Zwiebel
1 EL Butter
5 EL Crème fraîche
1 Bund Dill

Zubereitungszeit: ca. 30 Min.
Pro Portion ca. 1086 kcal · 57 g E ·
89 g F · 14 g K

RUSTIKAL

1 Den Backofen auf 220° vorheizen. Das Schweinemett mit dem Kräuterquark und den Semmelbröseln in eine Schüssel geben. Den Knoblauch pellen und dazupressen. Gut mischen, salzen und pfeffern.

2 Ein Blech mit Alufolie auslegen und mit Öl einpinseln. Aus dem Teig 16 Bällchen formen und darauf setzen. Im vorgeheizten Backofen (Mitte, Umluft 200°) 30 Min. braten.

3 Die Gurken schälen, die Zwiebel pellen, in Scheiben hobeln. Die Butter in einer Pfanne erhitzen. Gurke und Zwiebel darin 10 Min. dünsten. Crème fraîche unterrühren und mit Salz und Pfeffer würzen.

4 Den Dill waschen, abzupfen, grob zerschneiden und unter das Gurkengemüse mischen. Auf vier Tellern mit den Mettbällchen anrichten.

Dazu: Kartoffelpüree (Fertigprodukt)

Getränk: Bier

Erdbeeren auf Cremeeis
(kleines Bild)

Zutaten für 4 Personen
500 g Erdbeeren
1 EL Zitronensaft
5 EL Zucker
$^{1}/_{2}$ Bund Minze
1 l Vanilleeis

Zubereitungszeit: ca. 10 Min.
Pro Portion ca. 479 kcal · 8 g E ·
25 g F · 54 g K

ERFRISCHEND

1 Die Erdbeeren waschen, putzen, je nach Größe halbieren oder vierteln. In einer Schüssel mit dem Zitronensaft beträufeln und mit der Hälfte des Zuckers mischen.

2 Die Minze waschen, trockenschütteln, abzupfen, grob hacken und unter die Erdbeeren mischen. Einige schöne Minzeblättchen zum Garnieren zurückhalten.

3 Das Vanilleeis in den Mixer geben und so lange pürieren, bis es eine cremige Konsistenz hat. In Dessertschalen oder -tellern verteilen, die Erdbeeren darauf anrichten und mit Minzeblättchen garnieren.

Dazu: Waffelröllchen

Variante
Anstelle des Vanilleeises können Sie andere Eissorten, aber auch Vanille- oder Sahnepudding aus dem Kühlregal verwenden.

Ablauf

1. Erdbeeren vorbereiten, kalt stellen
2. Mettbällchen zubereiten und kalt stellen
3. Gurkengemüse vorbereiten
4. Backofen auf 220° vorheizen
5. Kohlrabisuppe zubereiten
6. Mettbällchen in den Backofen schieben
7. Gurkengemüse fertig stellen

Zuckerschoten mit Putenleber

(großes Bild, hinten)

Zutaten für 4 Personen

400 g Zuckerschoten, Salz
1 kleine Zwiebel
4 EL Öl, 1 TL süßer Senf
Pfeffer, 3 EL Essig
250 g Putenleber
2 EL Butterschmalz
1 TL Oregano
4 EL Croûtons mit Kräutern (Fertigprodukt)
Petersilie und einige Blätter Romana-Salat zum Garnieren

Zubereitungszeit: ca. 15 Min.
Pro Portion ca. 308 kcal · 36 g E · 22 g F · 49 g K

RAFFINIERT

1 Die Zuckerschoten putzen und waschen. Reichlich Salzwasser aufkochen und die Schoten 3 Min. darin blanchieren. Abgießen, abschrecken und abtropfen lassen. Jede Schote einmal schräg durchschneiden.

2 Die Zwiebel pellen und fein hacken. Das Öl mit Senf, Salz, Pfeffer und Essig aufschlagen, die Zwiebelwürfel unterrühren. Die Schoten darin kurz ziehen lassen.

3 Die Putenleber waschen, trockentupfen und in grobe Stücke schneiden. Das Butterschmalz in einer Pfanne erhitzen und die Leber darin ca. 3 Min. braten. Mit Salz, Pfeffer und Oregano würzen.

4 Die Leber etwas abkühlen lassen und mit den Croûtons unter die Schoten mischen. Mit der Petersilie und den Salatblättern anrichten.

Variante
Anstelle der Putenleber können Sie gewürfelte Salami zugeben.

Kalbsröllchen mit Thunfisch

(großes Bild, vorne)

Zutaten für 4 Personen

1 Dose Thunfisch im eigenen Saft (185 g Abtropfgewicht)
3 EL Pesto (Fertigprodukt)
Salz, Pfeffer
4 große, dünn geschnittene Kalbsschnitzel (je ca. 150 g), 3 EL Öl
100 ml trockener Weißwein
250 ml passierte Tomaten (Fertigprodukt)
400 g grüne Nudeln (Kühlregal)
3 EL Kapern
Kapernfrüchte nach Belieben

Zubereitungszeit: ca. 35 Min.
Pro Portion ca. 449 kcal · 47 g E · 16 g F · 27 g K

FESTLICH

1 Den Thunfisch abgießen und mit dem Mixstab pürieren. Den Pesto untermischen, salzen und pfeffern.

2 Die Schnitzel waschen, trockentupfen und auf eine Arbeitsfläche legen. Salzen und pfeffern. Die Thunfischmischung darauf streichen. Aufrollen und mit Zahnstochern feststecken.

3 Das Öl in einer Pfanne erhitzen und die Kalbsröllchen darin rundum anbraten. Mit Weißwein ablöschen. Die passierten Tomaten zugeben und zugedeckt 20 Min. schmoren.

4 Die Nudeln nach Packungsanleitung kochen. Die Kapern in die Sauce rühren, salzen und pfeffern.

5 Die Nudeln mit den Kalbsröllchen und der Sauce anrichten. Mit Kapernfrüchten garnieren.

Getränk: Kräftiger Rotwein, z. B. Vino nobile de Montepulciano

Kirschdessert mit Haselnüssen

(kleines Bild)

Zutaten für 4 Personen

1 Glas Kirschen (750 g Abtropfgewicht)
200 g süße Sahne
5 EL Zucker
250 g Sahnequark
50 g gemahlene Haselnüsse
1 kleiner Sandkuchen in Kastenform (Fertigprodukt, 500 g)
6 cl Kirschwasser, Kirschlikör oder Cognac
2 EL Kakaopulver

Zubereitungszeit: ca. 15 Min.
Pro Portion ca. 968 kcal · 19 g E · 50 g F · 106 g K

GEHALTVOLL

1 Die Kirschen in einem Sieb gut abtropfen lassen, dabei den Kirschsaft auffangen.

2 Die Sahne steif schlagen und den Zucker dazurieseln lassen. Dann den Quark und die Haselnüsse esslöffelweise unterrühren.

3 Den Kuchen in dünne Scheiben schneiden. 100 ml Saft mit dem Kirschwasser verrühren und die Kuchenscheiben damit tränken.

4 Auf vier Teller je 1 Scheibe Kuchen geben und mit etwas Quarkmasse bestreichen. Ein Drittel der Kirschen darauf verteilen. So lange in dieser Reihenfolge (Kuchen, Quark, Kirschen) fortfahren, bis alle Zutaten aufgebraucht sind. Mit einer Quarkschicht enden und diese mit einer Kirsche garnieren.

5 Das Dessert bis zum Servieren kalt stellen. Kurz vorher mit Kakaopulver bestäuben.

Getränk: Cappuccino oder Espresso

Ablauf

1. Zuckerschoten blanchieren und in der Sauce ziehen lassen
2. Kalbsröllchen zubereiten und schmoren
3. Kirschdessert zubereiten und kalt stellen
4. Putenleber braten und mit dem Salat anrichten
5. Nudeln kochen und warm stellen

Thunfischsalat mit Linsen und Avocado

(großes Bild, vorne)

Zutaten für 4 Personen
Salz, 250 g gelbe Linsen
1 reife Avocado, Saft von 1 Zitrone
1 kleine Zwiebel
2 Dosen Thunfisch im eigenen Saft
(je 185 g Abtropfgewicht)
5 EL Olivenöl, Pfeffer
1 Msp. Cayennepeffer
einige Stängel Schnittlauch

Zubereitungszeit: ca. 15 Min.
Pro Portion ca. 526 kcal · 33 g E · 28 g F · 33 g K

TOLL KOMBINIERT

1 Salzwasser aufkochen und die Linsen darin 10 Min. garen. In einem Sieb gut abtropfen lassen.

2 Die Avocado schälen, halbieren und den Kern entfernen. Das Fruchtfleisch in Spalten schneiden und mit etwas Zitronensaft beträufeln.

3 Die Zwiebel pellen und fein hacken. Den Thunfisch abgießen und in mundgerechte Stücke teilen.

4 Den restlichen Zitronensaft mit Öl, Salz, Pfeffer und Cayennepfeffer gut verrühren. Die Linsen mit dem Thunfisch darin wenden. Mit den Avocadospalten anrichten und mit Schnittlauch garnieren.

Dazu: Baguette

Getränk: Prosecco

Tipp

Unreife Avocados können Sie in Zeitungspapier wickeln und einige Tage bei Zimmertemperatur liegen lassen, dann werden sie weich.

Lammgeschnetzeltes

(großes Bild, hinten)

Zutaten für 4 Personen
750 g Lammfleisch aus der Keule
$1/_2$ Bund Frühlingszwiebeln
2 Knoblauchzehen
2 EL Butter, 1 EL Öl
300 g TK-Bohnen
400 ml Lammfond (Fertigprodukt)
oder Fleischbrühe
150 g Crème fraîche
1 TL Thymian, Salz, Pfeffer
500 g Gnocchi (Kühlregal)

Zubereitungszeit: ca. 30 Min.
Pro Portion ca. 832 kcal · 41 g E · 61 g F · 25 g K

FÜR GÄSTE

1 Das Lammfleisch quer zur Faser in dünne Streifen schneiden. Die Frühlingszwiebeln putzen, waschen und in schmale Ringe schneiden. Den Knoblauch pellen.

2 In einer Pfanne die Butter mit dem Öl erhitzen und die Lammstreifen darin anbraten. Herausnehmen und zugedeckt beiseite stellen.

3 Im restlichen Fett die Frühlingszwiebeln und die gefrorenen Bohnen andünsten, den Knoblauch dazupressen. Den Fond und die Crème fraîche dazugeben, aufkochen und 5 Min. köcheln lassen. Mit Thymian, Salz und Pfeffer würzen. Die Gnocchi in Salzwasser garen.

4 Das Fleisch unter das Gemüse mischen und zugedeckt bei milder Hitze ca. 5 Min. köcheln lassen. Die Gnocchi mit einem Schaumlöffel herausheben und zum Lammgeschnetzelten servieren.

Getränk: Kräftiger Rotwein, z. B. aus Navarra (Spanien)

Nougatreis mit Mangosauce

(kleines Bild)

Zutaten für 4 Personen
2 Packungen Fertig-Milchreis Vanillegeschmack (je 190 g)
1 große, reife Mango (ca. 600 g)
4 EL Nuss-Nougat-Creme
200 g süße Sahne
4 EL Zucker
1 Prise Zimt
Minzeblättchen und Schokoraspel zum Garnieren

Zubereitungszeit: ca. 20 Min.
Pro Portion ca. 364 kcal · 5 g E · 21 g F · 49 g K

RAFFINIERT

1 Den Reis nach Packungsanleitung zubereiten.

2 Inzwischen die Mango schälen und das Fruchtfleisch als Spalten rund um den Kern abschneiden. Einige Mangospalten zum Garnieren beiseite legen. Den Rest im Mixer pürieren und kalt stellen. Die Nougatcreme unter den warmen Reis mischen und auskühlen lassen.

3 Die Sahne mit dem Zucker steif schlagen und gleichmäßig unter den Nougatreis mischen. Mit Zimt abschmecken.

4 Den Nougatreis mit dem gut gekühlten Mangopüree auf vier Tellern anrichten. Mit den Mangospalten, den Minzeblättchen und den Schokoraspeln garnieren.

Tipp

Gut gekühlt schmecken Mangos am besten. Ist ihr Fruchtfleisch zimmerwarm, hat es einen Terpentin-Beigeschmack!

Ablauf

1. Linsen für die Vorspeise garen
2. Lammgeschnetzeltes zubereiten
3. Nougatreis und Mangosauce zubereiten und kalt stellen
4. Thunfischsalat fertig stellen
5. Gnocchi für den Hauptgang garen und warm stellen

Marinierter Lachs auf Spargel
(großes Bild, rechts)

Zutaten für 4 Personen
250 g Räucherlachs in Scheiben
1 Bund Koriander oder Petersilie
2 Orangen, 1 Zitrone
2 Knoblauchzehen
Salz, Pfeffer, 1 Prise Zucker
1 Msp. Cayennepfeffer
500 g grüner Spargel

Zubereitungszeit: ca. 25 Min.
Pro Portion ca. 232 kcal · 21 g E ·
12 g F · 8 g K

FESTLICH

1 Den Räucherlachs auf eine Platte legen. Die Kräuter waschen, trockenschütteln, die Blätter abzupfen und fein hacken. Die Orangen und die Zitrone auspressen. Den Knoblauch pellen und in die Saftmischung drücken. Mit Salz, Pfeffer, Zucker und Cayennepfeffer kräftig würzen. Die gehackten Kräuter zugeben.

2 Die Marinade gut verrühren, über den Lachs gießen und im Kühlschrank mindestens 15 Min. zugedeckt ziehen lassen.

3 Das untere Drittel der Spargelstangen schälen, die Enden abschneiden. Die Stangen in kochendem Salzwasser 7 Min. garen. Abgießen, abschrecken und abtropfen lassen.

4 Den Lachs aus der Marinade nehmen und auf vier Tellern anrichten. Den Spargel kurz in der Marinade wenden, abschmecken und neben dem Lachs anrichten. Mit einigen Kräuterblättchen garnieren.

Dazu: Toast mit Butter

Getränk: Champagner

Rinderfilet im Kräutermantel
(großes Bild, links)

Zutaten für 4 Personen
800 g Rinderfilet
Salz, Pfeffer, 1 EL Öl
je 1 Bund Petersilie, Basilikum, Rucola und Dill, 2 Knoblauchzehen
100 g fetter Räucherspeck
3 EL Semmelbrösel
2 kleine Zwiebeln
400 ml trockener Weißwein
4 Portionen TK-Rösti
125 g kalte Butterwürfel

Zubereitungszeit: ca. 45 Min.
Pro Portion ca. 923 kcal · 54 g E ·
50 g F · 17 g K

RAFFINIERT

1 Das Fleisch waschen, trockentupfen, salzen und pfeffern. Den Backofen auf 220° vorheizen. Einen Bräter mit dem Öl auspinseln und das Fleisch hineinlegen.

2 Die Kräuter fein hacken und in eine Schüssel füllen. Den Knoblauch pellen und dazupressen. Den Speck sehr klein würfeln, mit den Kräutern und Semmelbröseln mischen und gleichmäßig auf dem Fleisch festdrücken.

3 Die Zwiebeln pellen, hacken und in den Bräter streuen. Im Backofen (Mitte, Umluft 200°) 35 Min. garen. Den Wein nach und nach zugießen.

4 Die Rösti nach Packungsanleitung zubereiten. Das Filet aus dem Bräter nehmen und zugedeckt kurz ruhen lassen. Die Sauce in einem Topf aufkochen. Die Butter unterschlagen, salzen und pfeffern. Das Fleisch mit der Sauce und den Rösti anrichten.

Getränk: Rotwein, z. B. Zinfandel aus Kalifornien

Erdbeer-Pistazien-Crumble
(kleines Bild)

Zutaten für 4 Portionsförmchen
750 g Erdbeeren
5 EL Puderzucker
3 EL Zitronensaft
100 g Mehl
50 g Zucker
50 g gemahlene Pistazien
125 g kalte Butter
200 g Crème double

Zubereitungszeit: ca. 25 Min.
Pro Portion ca. 735 kcal · 8 g E ·
53 g F · 54 g K

KNUSPRIG

1 Den Backofen auf 200° vorheizen. Die Erdbeeren waschen, putzen und je nach Größe halbieren oder vierteln. Mit dem Puderzucker und dem Zitronensaft mischen und in vier hitzebeständige Förmchen füllen.

2 Das Mehl mit dem Zucker, den Pistazien und der Butter verkneten, zwischen den Fingern zerkrümeln und auf den Beeren verteilen.

3 Die Förmchen in den vorgeheizten Backofen (Mitte, Umluft 180°) stellen und 15 Min. gratinieren. Inzwischen die Crème double leicht aufschlagen.

4 Den Erdbeer-Crumble aus dem Ofen nehmen, auf Tellern anrichten oder in den Förmchen belassen und nach Belieben mit einem Klacks Crème double servieren.

Getränk: Cream-Sherry

Ablauf

1. Dessert komplett vorbereiten und kalt stellen
2. Rinderfilet vorbereiten und kalt stellen
3. Backofen auf 220° vorheizen
4. Vorspeise zubereiten
5. Rinderfilet in den Ofen schieben
6. Nach dem Servieren die Ofentemperatur auf 200° reduzieren
7. Dessert in den Backofen stellen

Grüner Spargel mit Schinken

(großes Bild, hinten)

Zutaten für 4 Personen
500 g grüner Spargel, Salz
3 EL Apfelessig
1 TL mittelscharfer Senf, Pfeffer
6 EL Olivenöl
250 g Kirschtomaten
$1/2$ Bund Basilikum
250 g Schwarzwälder Schinken
in dünnen Scheiben

Zubereitungszeit: ca. 15 Min.
Pro Portion ca. 408 kcal · 13 g E · 37 g F · 6 g K

KLASSISCH

1 Den Spargel waschen, die Enden abschneiden und in grobe Stücke schneiden. Reichlich Salzwasser aufkochen und den Spargel darin knapp 10 Min. köcheln. In ein Sieb gießen, eiskalt abschrecken und sehr gut abtropfen lassen.

2 Den Essig mit Senf, Salz, Pfeffer und Öl in einen Rührbecher geben. Mit dem Mixstab zu einem cremigen Dressing aufschlagen. Den Spargel damit übergießen und 10 Min. ziehen lassen.

3 Inzwischen die Kirschtomaten waschen und vierteln. Das Basilikum waschen, trockenschütteln und die Blättchen abzupfen. Größere Exemplare grob zerschneiden.

4 Den Spargel auf vier Tellern verteilen. Basilikum und Tomaten darüber streuen und den Schinken daneben anrichten.

Dazu: Warmes Baguette mit Kräuterbutter (Fertigprodukt)

Getränk: Frischer Weißwein, z. B. Sancerre aus Frankreich

Marinierte Kabeljaukoteletts

(großes Bild, vorne)

Zutaten für 4 Personen
2 TL getrocknete Rosmarinnadeln
2 TL Zitronensaft, 6 EL Olivenöl
4 Kabeljaukoteletts (je ca. 180 g)
1 Dose weiße Bohnen (800 g Abtropfgewicht)
3 Knoblauchzehen
1 Bund Petersilie, Salz, Pfeffer

Zubereitungszeit: ca. 30 Min.
Pro Portion ca. 453 kcal · 42 g E · 16 g F · 30 g K

RAFFINIERT

1 Die Rosmarinnadeln fein hacken und mit dem Zitronensaft und 3 EL Olivenöl verrühren.

2 Den Fisch waschen, trockentupfen und mit der Rosmarin-Marinade einpinseln. Zugedeckt 10 Min. im Kühlschrank ziehen lassen.

3 Die Bohnen abgießen. Den Knoblauch pellen. Die Petersilie waschen und mit dem Knoblauch, den Bohnen und dem restlichen Öl im Mixer pürieren. Salzen und pfeffern.

4 Die Koteletts in einer Pfanne auf jeder Seite 5 Min. braten. Salzen, pfeffern und mit dem Püree anrichten. Nach Belieben mit Zitronenscheiben und frischem Rosmarin garnieren.

Dazu: Gemischter Blattsalat

Getränk: Muskateller aus dem Elsass

Tipp

Das Bohnenpüree scheckt auch prima als Dip zu Tortillachips, als Brotaufstrich oder zu Lammkoteletts.

Heidelbeer-Aprikosen-Trifle

(kleines Bild)

Zutaten für 4 Personen
300 g TK-Heidelbeeren
1 kleine Dose Aprikosen (225 g Abtropfgewicht)
200 g süße Sahne
50 g Zucker
250 g Magerquark
200 g Löffelbiskuits
2 EL Kakaopulver

Zubereitungszeit: ca. 15 Min.
Pro Portion ca. 563 kcal · 15 g E · 19 g F · 82 g K

FRUCHTIG

1 Die Heidelbeeren in eine Schüssel füllen und antauen lassen. Die Aprikosen in einem Sieb gut abtropfen lassen, dabei den Saft auffangen. Die Aprikosen grob zerschneiden und mit den Heidelbeeren mischen.

2 Die Sahne steif schlagen und dabei den Zucker einrieseln lassen. Den Quark unterrühren.

3 Abwechselnd Biskuits, Obstmischung und Sahnequark in eine Schüssel schichten. Dabei die Biskuits mit dem Aprikosensaft beträufeln.

4 Mit Sahnequark enden. Den Trifle bis zum Servieren kalt stellen. Kurz vorher mit Kakao bestäuben.

Getränk: Prosecco

Variante
Die Früchte können nach Belieben und Saison variiert werden. Zum Beträufeln der Biskuits können Sie auch Likör, Schnaps oder Cognac verwenden.

Ablauf

1. Fisch mit der Marinade im Kühlschrank ziehen lassen
2. Dessert zubereiten und kalt stellen (erst kurz vor dem Servieren mit Kakao bestäuben)
3. Bohnenpüree zubereiten
4. Spargel garen, abkühlen lassen und die Vorspeise anrichten
5. Fisch nach Abservieren der Vorspeise braten

Mozzarella-Radieschen-Salat

(großes Bild, vorne)

Zutaten für 4 Personen
250 g Mini-Mozzarella
2 Bund Radieschen
3 EL Essig, 5 EL Öl
1 TL süßer Senf, Salz, Pfeffer
1 Bund Schnittlauch

Zubereitungszeit: ca. 15 Min.
Pro Portion ca. 237 kcal · 13 g E ·
20 g F · 1 g K

KNACKIG-FRISCH

1 Die Mini-Mozzarellas abtropfen lassen und in eine Schüssel geben. Die Radieschen putzen, waschen, vierteln und dazugeben.

2 Den Essig mit dem Öl, dem Senf, Salz und Pfeffer in einen Rührbecher füllen und mit dem Mixstab zu einem cremigen Dressing aufschlagen. Über die Zutaten in der Schüssel gießen, gut mischen und kurz durchziehen lassen.

3 Den Schnittlauch waschen und trockenschütteln. Einige Stängel ganz lassen, den Rest in 1 cm lange Stücke schneiden und unter den Salat mischen. Auf vier Tellern anrichten und mit den Schnittlauchstängeln garnieren.

Dazu: Frisches Bauernbrot mit Butter

Getränk: Bier

Tipp
Besonders hübsch sieht der angerichtete Salat aus, wenn Sie kleine Radieschenblätter waschen und mit anrichten. Sie können übrigens mitgegessen werden und schmecken sehr gut!

Tagliatelle mit Garnelen

(großes Bild, hinten)

Zutaten für 4 Personen
3 unbehandelte Zitronen
400 g Grönland-Garnelen (geschält und gegart)
30 g frischer Kerbel oder Petersilie
2 kleine Zwiebeln
60 g Butter
250 ml Gemüsebrühe
250 g Crème fraîche
500 g grüne Tagliatelle (aus dem Kühlregal)
Salz, Pfeffer
1 Msp. Cayennepfeffer

Zubereitungszeit: ca. 30 Min.
Pro Portion ca. 613 kcal · 26 g E ·
40 g F · 36 g K

RAFFINIERT

1 Eine der Zitronen heiß abwaschen und abtrocknen. Die Hälfte der Schale mit dem Sparschäler abschälen, dann in ganz feine Streifen schneiden. Alle Zitronen auspressen. Die Garnelen abgießen oder auftauen.

2 Die Kräuter waschen und die Blättchen abzupfen. Die Zwiebeln pellen, fein hacken und mit den Zitronenschalen in der Butter andünsten. Zitronensaft, Brühe und Crème fraîche zugeben und ca. 10 Min. köcheln. Die Garnelen in der Sauce erwärmen.

3 Die Nudeln nach Packungsanleitung kochen. Die Sauce mit Salz, Pfeffer und Cayennepfeffer abschmecken, die Kräuter unterrühren. Die Nudeln mit der Sauce mischen. Mit etwas Zitronenschale anrichten.

Dazu: Gemischter Blattsalat mit Kirschtomaten

Getränk: Leichter Weißwein, z. B. Lugana vom Gardasee

Kiwis auf Rhabarbercreme

(kleines Bild)

Zutaten für 4 Personen
500 g Rhabarber
50 g Zucker
500 g Sahnepudding (Fertigprodukt)
4 Kiwis

Zubereitungszeit: ca. 15 Min.
Pro Portion ca. 240 kcal · 5 g E ·
4 g F · 46 g K

VITAMINREICH

1 Den Rhabarber waschen, putzen, in mundgerechte Stücke schneiden und mit dem Zucker in einen Topf geben. Aufkochen und 5 Min. köcheln lassen. Beiseite stellen und etwas abkühlen lassen.

2 Abwechselnd Sahnepudding und Rhabarber in Dessertgläser füllen. Mit Rhabarber enden. Das Dessert kalt stellen.

3 Die Kiwis schälen, in feine Scheiben schneiden und auf den Desserts verteilen.

Dazu: Waffeln

Getränk: Cappuccino

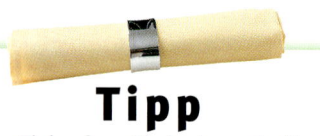

Tipp
Beim Einkauf von Rhabarber unbedingt darauf achten, dass die Stangen fest, kräftig und ohne Verletzungen sind. Übrigens werden meistens Freiland- und Treibhausrhabarber parallel angeboten. Letzteren erkennen Sie an den dünneren Stangen, die meist auch zarter sind als die der Freiland-Exemplare.

Ablauf

1. Dessert zubereiten und kalt stellen, erst kurz vor dem Servieren mit Kiwischeiben garnieren
2. Vorspeise zubereiten und bis zum Servieren kalt stellen
3. Sauce für den Hauptgang zubereiten und warm stellen
4. Nach Abservieren der Vorspeise die Nudeln kochen

Glasnudelsuppe mit Sprossen

(großes Bild, vorne)

Zutaten für 4 Personen
800 ml Fischfond (Fertigprodukt)
50 g Glasnudeln
1 cm frischer Ingwer
2 Frühlingszwiebeln
100 g Sojasprossen
100 g Tiefsee-Garnelen (geschält und gegart)
1 EL Zitronensaft
Pfeffer, 2 EL Sojasauce

Zubereitungszeit: ca. 15 Min.
Pro Portion ca. 231 kcal · 10 g E · 9 g F · 16 g K

AUS ASIEN

1 Den Fischfond mit den Glasnudeln in einen Topf geben. Den Ingwer schälen, in grobe Stücke schneiden und zugeben. Zusammen aufkochen.

2 Die Frühlingszwiebeln putzen, waschen und schräg in $1/2$ cm breite Ringe schneiden. Die Sojasprossen waschen und abtropfen lassen. Die Ingwerstückchen aus der Suppe nehmen und wegwerfen. Frühlingszwiebeln, Sojasprossen und Garnelen zugeben und 5 Min. ziehen lassen.

3 Die Suppe mit Zitronensaft, Pfeffer und Sojasauce abschmecken.

Dazu: Frittierte Krabbenchips (Krupuk)

Getränk: Jasmintee oder Bier

Variante
Wer möchte kann die Glasnudeln durch 150 g Schnellkoch-Reis ersetzen. 150 g TK-Erbsen sind zudem ein guter Ersatz für die Frühlingszwiebeln. Die Sprossen können Sie frisch oder aus dem Glas verwenden – die Zubereitung bleibt gleich.

Thunfisch mit Kokossauce

(großes Bild, hinten)

Zutaten für 4 Personen
4 Scheiben Thunfisch (je ca. 200 g)
3 EL Zitronensaft, Salz, Pfeffer
1 kleine Zwiebel
2 Knoblauchzehen
2 cm frischer Ingwer, 4 EL Öl
400 ml Kokosmilch (aus der Dose), ersatzweise Sahne mit 5 EL Kokosflocken
2 Bananen (gesamt ca. 300 g)
1 Prise gemahlener Safran
1 Msp. gemahlener Zimt

Zubereitungszeit: ca. 20 Min.
Pro Portion ca. 569 kcal · 44 g E · 39 g F · 10 g K

EXOTISCH

1 Den Thunfisch mit Zitronensaft beträufeln, salzen, pfeffern und kalt stellen. Die Zwiebel und den Knoblauch pellen und fein hacken. Den Ingwer schälen und fein würfeln.

2 Den Backofen auf 180° vorheizen. In einer Pfanne 2 EL Öl erhitzen und Zwiebeln, Knoblauch und Ingwer darin weich dünsten.

3 Die Kokosmilch zugießen und aufkochen. Die Bananen schälen, in Scheiben schneiden und zugeben. Mit Salz, Pfeffer, Safran und Zimt würzen.

4 Das restliche Öl in einer zweiten Pfanne erhitzen und den Thunfisch darin anbraten. In einer Gratinform mit der Sauce übergießen und zugedeckt im vorgeheizten Backofen (Mitte, Umluft 160°) 15 Minuten garen.

Dazu: Basmati- oder Langkornreis

Getränk: Trockener Weißwein, z. B. Chardonnay aus Kalifornien

Exotischer Fruchtsalat mit Rum

(kleines Bild)

Zutaten für 4 Personen
2 reife Mangos
1 Papaya
2 Bananen
2 Limetten
4 EL Honig
6 EL Rum
1 Pck. Bourbon-Vanillezucker
1 EL Kokosraspel

Zubereitungszeit: ca. 20 Min.
Pro Portion ca. 224 kcal · 1 g E · 2 g F · 40 g K

GUT VORZUBEREITEN

1 Die Mangos schälen, das Fruchtfleisch rund um den Kern in feinen Spalten abschneiden. Die Papaya schälen, vierteln und die Kerne mit einem Löffel entfernen. Das Fruchtfleisch ebenfalls in Spalten schneiden und mit den Mangos in eine Schüssel füllen.

2 Die Bananen schälen und in Scheiben schneiden. Unter die anderen Früchte mischen.

3 Die Limetten halbieren. Eine halbe Frucht in Scheiben schneiden, die anderen Hälften auspressen. Den Saft mit dem Honig, dem Rum und dem Vanillezucker verrühren. Über die Früchte gießen und gut durchmischen. Den Salat bis zum Servieren zugedeckt im Kühlschrank ziehen lassen. Mit Limettenscheiben und Kokosraspeln anrichten.

Dazu: Sahne oder Fruchtsorbet (Fertigprodukt)

Ablauf

1. Fruchtsalat zubereiten, mit der Sauce vermengen und bis zum Servieren kalt stellen
2. Thunfisch vorbereiten und den Backofen auf 180° vorheizen
3. Sauce zubereiten
4. Glasnudelsuppe zubereiten und bei milder Hitze warm stellen
5. Thunfisch vor dem Servieren der Vorspeise in den Backofen schieben

Tortiglionisalat mit Kräutersauce

(großes Bild, rechts)

Zutaten für 4 Personen
200 g Tortiglioni oder andere
Röhrennudeln
Salz
1 Knoblauchzehe
je 1 Bund Basilikum, Petersilie und
Rucola
8 EL Olivenöl
Saft von 1 Zitrone
Pfeffer
1 Prise Zucker
50 g Parmesan am Stück

Zubereitungszeit: ca. 20 Min.
Pro Portion ca. 414 kcal · 11 g E ·
24 g F · 38 g K

GELINGT LEICHT

1 Nudeln nach Packungsanleitung in Salzwasser bissfest kochen. Abgießen, kalt abbrausen und gut abtropfen lassen.

2 Den Knoblauch pellen. Basilikum, Petersilie und Rucola waschen und abzupfen. Einige Kräuterblätter zum Garnieren beiseite legen, die restlichen mit dem Knoblauch und dem Olivenöl im Mixer pürieren.

3 Das Kräuterpüree in einer großen Schüssel mit dem Zitronensaft verrühren und mit Salz, Pfeffer und Zucker würzen.

4 Die Nudeln dazugeben, alles gut mischen und 10 Min. ziehen lassen. Den Salat noch einmal abschmecken und, falls nötig, nachwürzen. Mit einigen Kräuterblättchen auf Tellern anrichten. Parmesan darüber hobeln.

Dazu: Baguette mit Knoblauchbutter

Getränk: Leichter Weißwein, z. B. Soave aus Italien

Seelachs mit Sahne-Lauch

(großes Bild, links)

Zutaten für 4 Personen
4 Portionen Seelachsfilet (je ca. 180 g)
1 EL Zitronensaft
Salz, Pfeffer
500 g Lauch
3 EL Butter
Fett für die Form
250 g saure Sahne
4 Portionen Kartoffelplätzchen
(TK-Fertigprodukt)

Zubereitungszeit: ca. 30 Min.
Pro Portion ca. 487 kcal · 40 g E ·
16 g F · 13 g K

RAFFINIERT

1 Den Fisch waschen, trockentupfen, mit Zitronensaft beträufeln, salzen und pfeffern.

2 Den Lauch putzen, längs aufschlitzen, gründlich waschen und in dünne Ringe schneiden. Die Butter in einem Topf erhitzen und die Lauchringe darin 3 Min. andünsten. Mit Salz und Pfeffer würzen, herausnehmen und beiseite stellen. Den Backofen auf 180° vorheizen.

3 Eine Gratinform einfetten. Den Fisch hineinlegen und den Lauch darauf verteilen. Salzen, pfeffern und mit der sauren Sahne übergießen.

4 Im vorgeheizten Backofen (Mitte, Umluft 160°) 15 Min. garen. Inzwischen die Kartoffelplätzchen nach Packungsanleitung zubereiten. Den Fisch mit dem Lauch und den Kartoffelplätzchen auf vorgewärmten Tellern anrichten.

Getränk: Trockener Weißwein, z. B. Chardonnay aus Südafrika

Amaretti-Sahne-Creme

(kleines Bild)

Zutaten für 4 Personen
500 g Sahnepudding (Fertigprodukt)
5 EL Instant-Kaffeepulver
1 EL Zucker
150 g Amaretti (ital. Mandelkekse)
200 g süße Sahne
grob gemahlene Kaffeebohnen zum
Bestreuen

Zubereitungszeit: ca. 10 Min.
Pro Portion ca. 459 kcal · 7 g E ·
29 g F · 45 g K

GUT VORZUBEREITEN

1 Den Sahnepudding in eine Schüssel geben. Das Instant-Kaffeepulver und den Zucker so lange unterrühren, bis sie sich ganz aufgelöst haben und eine glatte Creme entstanden ist.

2 Ein Drittel der Amaretti sehr fein zerkleinern, ein weiteres Drittel grob zerbröseln. Die Sahne steif schlagen.

3 Zwei Drittel der Sahne mit den fein zerkleinerten Amaretti unter die Creme rühren und abwechselnd mit den zerbröckelten Amaretti in Dessertschalen füllen.

4 Die restliche Sahne mit einem Spritzbeutel dekorativ auf den Desserts verteilen. Kalt stellen. Kurz vor dem Servieren mit den grob gemahlenen Kaffeebohnen bestreuen und mit den ganzen Amaretti garnieren.

Getränk: Cappuccino und Amaretto

Variante
Eine »beschwipste« Version erhält, wer die fein zerbröselten Amaretti mit 3 cl Amaretto-Likör aromatisiert.

Ablauf

1. Nudeln für die Vorspeise kochen und abtropfen lassen
2. Amaretticreme zubereiten, kalt stellen und erst vor dem Servieren garnieren
3. Kräutersauce für den Nudelsalat zubereiten
4. Backofen auf 180° vorheizen
5. Lauch und Fisch vorbereiten und in die Gratinform legen
6. Kartoffelplätzchen zubereiten und warm stellen
7. Gratinform nach Servieren der Vorspeise in den Ofen schieben

Gemüsecremesuppe mit Tofu
(großes Bild, hinten)

Zutaten für 4 Personen
1 kleine Zwiebel, 3 EL Butter
300 g TK-Suppengemüse
200 g Tofu
850 ml Gemüsebrühe
3 EL Sojasauce, Salz, Pfeffer
1 Prise gemahlener Safran
100 g süße Sahne
1 Msp. Cayennepfeffer

Zubereitungszeit: ca. 30 Min.
Pro Portion ca. 246 kcal · 7 g E ·
19 g F · 11 g K

KALORIENARM

1 Die Zwiebel pellen, fein hacken
und in 2 EL Butter glasig dünsten.
Das Suppengemüse zugeben und
5 Min. mitdünsten.

2 Den Tofu kalt abspülen, abtrocknen und würfeln. 100 ml Gemüsebrühe mit der Sojasauce verrühren
und den Tofu darin marinieren.

3 Das Gemüse mit Salz, Pfeffer und
Safran würzen. Restliche Brühe und
Sahne aufgießen und zugedeckt 10
Min. köcheln.

4 Die Tofuwürfel abtropfen lassen
und in der restlichen Butter kurz
anbraten.

5 Die Suppe pürieren und mit Cayennepfeffer abschmecken. Mit den To-
fuwürfeln anrichten.

Dazu: Baguette

Getränk: Prosecco

Variante
Noch schneller gelingt diese Suppe,
wenn Sie bereits geräucherten Tofu
verwenden.

Parmesan-Klößchen mit Tomatensauce
(großes Bild, vorne)

Zutaten für 4 Portionen
750 g Magerquark, 3 Eier
200 g Semmelbrösel
100 g frisch geriebener Parmesan
Salz
2 Dosen Pizzatomaten (je 400 g
Einwaage)
1 Knoblauchzehe
600 ml Gemüsebrühe
1 Bund Basilikum, Pfeffer

Zubereitungszeit: ca. 25 Min.
Pro Portion ca. 512 kcal · 48 g E ·
13 g F · 49 g K

VEGETARISCH

1 Den Quark gut abtropfen lassen.
Zuerst die Eier, dann die Semmelbrö-
sel und den Parmesan untermischen.
Reichlich Salzwasser aufkochen.

2 Die Pizzatomaten in einen Topf
geben. Den Knoblauch pellen und
dazupressen. Mit der Gemüsebrühe
aufgießen und 10 Min. zugedeckt bei
milder Hitze köcheln lassen.

3 Aus dem Quarkteig Klößchen formen und in das kochende Wasser geben. Die Hitze reduzieren und die
Klößchen 10 Min. gar ziehen lassen.

4 Das Basilikum waschen, trockenschütteln, die Blättchen abzupfen.
Einige zum Garnieren zurückhalten,
den Rest grob hacken. Die Tomatensauce würzen und zuletzt das Basilikum untermischen.

5 Die Klößchen herausheben und
auf der Sauce anrichten. Mit Basilikumblättchen bestreuen.

Dazu: Gemischter Blattsalat

Getränk: Trockener Cidre

Orangencreme mit Minze
(kleines Bild)

Zutaten für 4 Personen
3 unbehandelte Orangen
500 g Magerquark
150 g Crème fraîche
4 EL Orangenlikör
5 EL Puderzucker
Minzeblättchen zum Garnieren

Zubereitungszeit: ca. 15 Min.
Pro Portion ca. 336 kcal · 18 g E ·
15 g F · 23 g K

GUT VORZUBEREITEN

1 Die Orangen unter heißem Wasser
gründlich abbürsten. Die Schale einer Orange möglichst dünn mit einem Sparschäler abschälen. Die
Schalen in feine Streifen schneiden.
Eine weitere Orange in Scheiben
schneiden. Die beiden verbleibenden
Früchte auspressen.

2 Den Quark mit dem Orangensaft,
der Crème fraîche, dem Orangenlikör
und dem Puderzucker gut verrühren.
Zwei Drittel der Orangenschalenstrei-
fen untermischen.

3 Die Orangencreme in Portions-
schälchen oder in eine Schüssel
füllen. Mit den übrigen Orangen-
schalenstreifen und den Orangenscheiben anrichten und bis zum
Servieren kalt stellen. Mit Minze
garnieren.

Dazu: Biskuits

Tipp
Zeit sparen können Sie bei diesem Re-
zept, wenn Sie die Orangenschalen mit
Hilfe eines Zestenreißers abschälen.

Ablauf

1. Orangencreme zubereiten und kalt stellen
2. Parmesan-Klößchen fertig stellen und kalt stellen
3. Tomatensauce zubereiten und warm halten
4. Gemüsecremesuppe zubereiten
5. Tofu würfeln und einstreuen
6. Nach dem Abservieren der Suppe die Parmesan-Klößchen garen und mit der Sauce servieren

Gebratener Feta auf Eichblattsalat

(großes Bild, vorne)

Zutaten für 4 Personen
2 unbehandelte Zitronen
1 kleiner Eichblattsalat
1/2 Bund Petersilie
8 EL Olivenöl, 2 EL Senf
Salz, Pfeffer, 2 Knoblauchzehen
400 g Feta (griechischer Schafskäse)
3 EL Mehl

Zubereitungszeit: ca. 15 Min.
Pro Portion ca. 440 kcal · 20 g E · 37 g F · 7 g K

AUS GRIECHENLAND

1 Eine Zitrone heiß waschen und die Hälfte der Schale mit einem Zestenreißer schälen. Beide Zitronen auspressen.

2 Den Eichblattsalat putzen, waschen und abtropfen lassen. Große Blätter klein zupfen.

3 Die Petersilie abbrausen, trockenschütteln und fein hacken. 4 EL Olivenöl mit Senf, Zitronensaft, Salz und Pfeffer zu einer cremigen Sauce verrühren. Petersilie und Zitronenschalen dazugeben. Den Knoblauch pellen und dazupressen.

4 Den Salat auf vier Tellern verteilen und mit der Marinade beträufeln.

5 Den Schafskäse in grobe Stücke schneiden. Das Mehl mit etwas Pfeffer mischen und den Feta darin wenden. Das restliche Öl in einer Pfanne erhitzen und den Schafskäse darin 3 Min. braten. Mit dem Salat anrichten und mit der Vinaigrette beträufeln.

Dazu: Warme Sesamfladen

Getränk: Bier

Tomaten-Tortilla mit Parmesan

(großes Bild, hinten)

Zutaten für 4 Personen
1 große Zwiebel, 2 Knoblauchzehen
4 EL Olivenöl
200 g getrocknete Tomaten in Öl
1 Bund Basilikum, 8 Eier
50 g frisch geriebener Parmesan
Salz, Pfeffer
1 Prise frisch geriebene Muskatnuss
gehobelter Parmesan nach Belieben

Zubereitungszeit: ca. 30 Min.
Pro Portion ca. 444 kcal · 26 g E · 27 g F · 30 g K

RAFFINIERT

1 Die Zwiebel und den Knoblauch pellen. Die Zwiebel in feine Ringe schneiden, den Knoblauch klein hacken. In einer großen beschichteten Pfanne das Olivenöl erhitzen und die Zwiebel und den Knoblauch darin glasig dünsten.

2 Die Tomaten abtropfen lassen, in Streifen schneiden und in die Pfanne geben. Das Basilikum waschen, abzupfen und bis auf einige Blättchen grob hacken.

3 Die Eier verquirlen, den Parmesan unterrühren und mit Salz, Pfeffer, Muskat und gehacktem Basilikum würzen. In die Pfanne gießen und zugedeckt 8–10 Min. bei milder Hitze stocken lassen.

4 Die Tortilla vom Rand lösen und auf eine Platte gleiten lassen. Vierteln und mit den Basilikumblättchen anrichten. Mit gehobeltem Parmesan belegen.

Dazu: Ciabatta oder Baguette, Tsatsiki zum Dippen

Getränk: Herber Cidre

Mandarinen-Erdnuss-Tarte

(kleines Bild)

Zutaten für 4 Portionsförmchen
150 g Biskuits
1 EL Zucker
100 g Erdnussbutter
150 g Doppelrahm-Frischkäse
4 EL Orangenmarmelade
2 EL Orangenlikör
1 Dose Mandarinen (400 g Abtropfgewicht)

Zubereitungszeit: ca. 25 Min.
Pro Portion ca. 564 kcal · 12 g E · 25 g F · 71 g K

NUSSIG-FRUCHTIG

1 Den Backofen auf 200° vorheizen. Die Biskuits fein zerbröseln und mit dem Zucker und der Erdnussbutter gründlich mischen.

2 Die Portionsförmchen mit Backpapier auslegen und die Masse darauf streichen. Im vorgeheizten Backofen (Mitte, Umluft 180°) 15 Min. backen.

3 Inzwischen den Frischkäse mit der Orangenmarmelade und dem Orangenlikör verrühren. Die Mandarinen in einem Sieb abtropfen lassen.

4 Die Erdnussböden auf einem Kuchengitter abkühlen lassen. Mit der Orangencreme bestreichen und mit den Mandarinen belegen.

Dazu: Schlagsahne

Getränk: Kaffee oder Espresso

Variante
Wer keine Portionsförmchen zur Hand hat, kann die Tarte auch in einer großen Form backen.

Ablauf

1. Mandarinen-Erdnuss-Tarte vorbereiten und backen – noch nicht belegen
2. Tortilla zubereiten und warm stellen
3. Eichblattsalat zubereiten
4. Tarte belegen und kalt stellen
5. Feta braten und auf dem Salat servieren

Jakobsmuscheln auf Safran-Tagliatelle

Zutaten für 4 Personen

500 g Safran-Tagliatelle oder normale Tagliatelle (aus der Kühltheke)
1 frische rote Chilischote
1 Bund Schnittlauch, Salz
12 ausgelöste Jakobsmuscheln oder Riesengarnelen
4 EL Butter, Pfeffer
200 ml trockener Weißwein
200 g süße Sahne
nach Belieben 50 g Lachskaviar

Zubereitungszeit: ca. 25 Min.
Pro Portion ca. 482 kcal · 20 g E · 26 g F · 35 g K

EXKLUSIV

1 Die Tagliatelle nach Packungsangabe kochen. Gut abtropfen lassen.

2 Die Chili entkernen, waschen und fein hacken. Den Schnittlauch waschen, in Salzwasser blanchieren und kalt abbrausen.

3 Die Muscheln oder Garnelen kalt abspülen, trockentupfen und in einer Pfanne in 2 EL Butter 3–5 Min. braten. Mit Salz und Pfeffer würzen, herausnehmen, Weißwein und Sahne zugießen, aufkochen und 5 Min. offen köcheln lassen. Salzen und pfeffern. Die Muscheln darin erwärmen.

4 Die Chilischote in der restlichen Butter kurz andünsten. Die Tagliatelle darin schwenken, den Schnittlauch untermischen. Mit den Muscheln und dem Lachskaviar auf vier Tellern anrichten.

Getränk: Sauvignon Blanc

Variante
Wer möchte, kann die Meeresfrüchte durch Schollenfilets ersetzen.

Sommer

Zutaten für 4 Personen

1 kleine Zwiebel
1 kg gelbe Paprikaschoten
2 EL Butter
Salz, Pfeffer
1 TL Currypulver
750 ml Gemüsebrühe
5 EL Crème fraîche
Zitronensaft
1 Msp. Cayennepfeffer

Zubereitungszeit: ca. 20 Min.
Pro Portion ca. 200 kcal · 3 g E ·
15 g F · 11 g K

RAFFINIERT

Gelbe Paprikasuppe mit Curry
(großes Bild)

1 Die Zwiebel pellen und fein hacken. Die Paprikaschoten putzen, waschen und klein schneiden. Die Butter in einem großen Topf erhitzen und die Zwiebelwürfel darin andünsten. Die Paprikawürfel zugeben und 5 Min. mitdünsten.

2 Mit Salz, Pfeffer und Curry würzen. Die Gemüsebrühe und die Crème fraîche dazugeben und zugedeckt 15 Min. köcheln lassen. Die Suppe mit dem Mixstab fein pürieren, nochmals kurz erwärmen und mit Salz, Pfeffer und Zitronensaft abschmecken.

3 Die Paprikasuppe in Suppentellern verteilen und mit etwas Cayennepfeffer bestreuen.

Dazu: Knuspriges Baguette

Getränk: Mineralwasser mit Zitronensaft

Tipp
Optisch gibt die Suppe noch mehr her, wenn sie mit Zucchini- oder Kapuzinerkresseblüten garniert und mit Kräutern bestreut wird.

Zutaten für 4 Personen

1 Vanilleschote
100 g Zucker
4 Pfirsiche
4 Aprikosen
4 EL Brandy oder Fruchtsaft
1 TL Aniskörner
1 Prise Zimt
250 g Crème fraîche
1 EL Zitronensaft
2 EL Honig
3 EL fein gemahlene Mandeln

Zubereitungszeit: ca. 30 Min.
Pro Portion ca. 491 kcal · 3 g E ·
27 g F · 48 g K

FRUCHTIG-FRISCH

Gratinierte Früchte mit Mandelsauce
(kleines Bild)

1 Die Vanilleschote längs aufschlitzen, grob zerschneiden und mit dem Zucker in den Mixer geben. Durchmixen, bis die Vanilleschote ganz zerkleinert ist.

2 Den Backofen auf 200° vorheizen. Pfirsiche und Aprikosen waschen, halbieren und entsteinen. Die Früchte nebeneinander mit der Schnittfläche nach oben in eine Gratinform legen. Mit dem Brandy beträufeln und mit dem Vanillezucker betreuen. Anis und Zimt darüber streuen. Im Backofen (Mitte, Umluft 180°) 20 Min. gratinieren.

3 Inzwischen die Crème fraîche mit dem Zitronensaft, dem Honig und den gemahlenen Mandeln verrühren und bis zum Servieren in den Kühlschrank stellen.

4 Die gratinierten Früchte noch heiß mit dem ausgetretenen Saft auf vier Tellern verteilen und die Mandelsauce daneben anrichten.

Getränk: Frucht-Granita

Tipp
Noch schneller geht es, wenn Sie anstelle der Vanilleschote 2 Päckchen Bourbon-Vanille unter den Zucker mischen.

Ablauf

1. Früchte zum Gratinieren vorbereiten und in eine Gratinform legen
2. Sauce vorbereiten, beides kalt stellen
3. Paprikasuppe zubereiten, bei milder Hitze warm halten
4. Nudeln für die Jakobsmuscheln kochen
5. Sauce zubereiten und bei milder Hitze warm halten
6. Suppe servieren, danach den Backofen auf 200° vorheizen
7. Hauptgericht fertig stellen
8. Nach dem Servieren des Hauptgangs das Dessert in den Backofen stellen

Gekühlte Gemüsesuppe
(großes Bild, hinten)

Zutaten für 4 Personen
1 kleine Gurke (ca. 375 g)
1 rote Paprikaschote (ca. 250 g)
1 kleine Zwiebel, 1 Knoblauchzehe
500 ml Tomatensaft, 2 EL Olivenöl
2 EL Zitronensaft, Salz, Pfeffer
1 Msp. Cayennepfeffer
$1/2$ Bund Basilikum
1 Kräuterbutter-Baguette (Fertigprodukt)

Zubereitungszeit: ca. 15 Min.
Pro Portion ca. 310 kcal · 7 g E ·
14 g F · 37 g K

ERFRISCHEND

1 Die Gurke schälen und entkernen. Paprikaschote halbieren, von Samen und Scheidewänden befreien und waschen. Zwiebel und Knoblauch pellen. Alles grob würfeln.

2 Das Gemüse mit der Hälfte des Tomatensafts, dem Olivenöl und dem Zitronensaft im Mixer pürieren. In eine Schüssel füllen und den restlichen Tomatensaft unterrühren. Mit Salz, Pfeffer und Cayennepfeffer würzen. Kalt stellen.

3 Das Basilikum waschen, die Blättchen abzupfen. Das Baguette nach Anleitung aufbacken. Die Suppe mit dem Basilikum in Tassen anrichten. Das Baguette dazu reichen.

Getränk: Mineralwasser mit Minzeblättchen

Tipp
Ideal zum Vorbereiten – man kann die Suppe schon einige Stunden vorher zubereiten und kalt stellen. Vor dem Servieren durchrühren und abschmecken.

Kalbsgeschnetzeltes mit Spargel
(großes Bild, vorne)

Zutaten für 4 Personen
500 g grüner Spargel
Salz, 2 kleine Zwiebeln
750 g Kalbsfilet
2 EL Butterschmalz, Pfeffer
100 ml trockener Sherry
150 g Crème fraîche, Pfeffer
1 Msp. Cayennepfeffer
150 g Kirschtomaten

Zubereitungszeit: ca. 35 Min.
Pro Portion ca. 638 kcal · 47 g E ·
26 g F · 14 g K

FESTLICH

1 Spargel waschen, Enden abschneiden und die Stangen in 3 cm lange Stücke schneiden. In kochendem Salzwasser in gut 5 Min. knackig garen. Vom Spargelsud 250 ml abnehmen, den Rest abgießen. Spargel abschrecken und abtropfen lassen. Zwiebeln schälen und fein hacken. Das Fleisch in Streifen schneiden.

2 Das Schmalz in einer Pfanne erhitzen, das Fleisch darin portionsweise stark anbraten. Salzen, pfeffern und herausnehmen. Die Zwiebeln im verbliebenen Fett glasig dünsten.

3 Mit Sherry ablöschen, aufkochen und den Spargelsud mit der Crème fraîche unterrühren. Offen um ein Drittel reduzieren. Mit Salz, Pfeffer und Cayennepfeffer würzen.

4 Das Fleisch samt Saft zugeben und zugedeckt 10 Min. erwärmen. Nach 5 Min. den Spargel und die Tomaten untermischen.

Dazu: Rösti (Fertigprodukt)

Getränk: Grüner Veltliner

Beerengratin mit Pinienkernen
(kleines Bild)

Zutaten für 4 Personen
500 g gemischte Beeren (Himbeeren, Erdbeeren, Brombeeren, Heidelbeeren)
3 EL Zucker
3 EL Himbeergeist oder Himbeersirup
50 g Pinienkerne
4 Eigelbe
250 g Crème fraîche
Butter für die Förmchen
Puderzucker zum Bestäuben

Zubereitungszeit: ca. 15 Min.
Pro Portion ca. 398 kcal · 6 g E ·
32 g F · 15 g K

FEIN

1 Die Beeren falls nötig abzupfen und waschen. Größere Exemplare halbieren. Die Beeren in einer Schüssel mit dem Zucker und dem Himbeergeist mischen und 10 Min. ziehen lassen. Pinienkerne untermischen.

2 Den Backofen auf 200° vorheizen. Die Eigelbe mit der Crème fraîche verrühren. Vier kleine Gratinförmchen oder eine große Gratinform mit Butter ausreiben und die Beeren einfüllen.

3 Die Crème-fraîche-Mischung auf den Beeren verteilen und im vorgeheizten Backofen (Mitte, Umluft 180°) knapp 10 Min. gratinieren. Kurz vor dem Servieren mit Puderzucker bestäuben.

Tipp
Nicht verwendete Eiweiße können Sie mit Puderzucker zu Eischnee aufschlagen und daraus köstlich-leichte Baisers backen.

Ablauf

1. Gemüsesuppe zubereiten und kalt stellen
2. Kalbsgeschnetzeltes vorbereiten
3. Beerengratin vorbereiten
4. Baguette für die Gemüsesuppe aufbacken
5. Nach dem Servieren der Suppe Spargel und Fleisch in der Sauce erwärmen
6. Backofen auf 200° vorheizen
7. Gratin nach Servieren des Hauptgangs in den Ofen schieben

Garnelensalat in Paprikaschoten

(großes Bild, hinten)

Zutaten für 4 Personen
3 große rote Paprikaschoten
100 g Rucola
1 kleine Zwiebel
400 g Grönland-Garnelen (geschält und gegart)
3 EL Sherryessig oder Weinessig
Salz, Pfeffer
4 EL Olivenöl

Zubereitungszeit: ca. 15 Min.
Pro Portion ca. 223 kcal · 21 g E · 12 g F · 8 g K

FESTLICH

1 Die Paprikaschoten längs halbieren. Die Hälften von Samen und Scheidewänden befreien und waschen. 4 Paprikahälften beiseite legen. Die übrigen Hälften fein würfeln und in eine Schüssel geben.

2 Den Rucola waschen, trockenschütteln und in Streifen schneiden. Die Zwiebel pellen und fein hacken. Mit der Rucola und den abgetropften Krabben in die Schüssel zu der gewürfelten Paprika geben.

3 Den Sherryessig mit Salz, Pfeffer und Olivenöl in einen Rührbecher geben und mit dem Mixstab zu einem cremigen Dressing aufschlagen. Über die Salatzutaten gießen und gut vermischen. Zum Servieren in die Paprikahälften füllen.

Dazu: Warmes Baguette mit Kräuterbutter (Fertigprodukt)

Getränk: Gut gekühlter trockener Sherry (Fino)

Variante
Die Garnelen können Sie durch fein gewürfelte Salami ersetzen.

Gefüllte Fleischtäschchen

(großes Bild, vorne)

Zutaten für 4 Personen
8 dünne Kalbsschnitzel (je ca. 100 g)
Salz, Pfeffer
2 Kugeln Mozzarella (je 125 g)
1 Bund Petersilie
8 Scheiben Parmaschinken
2 EL Olivenöl
200 ml trockener Weißwein
4 Portionen Kartoffelpüree (Fertigprodukt)
3 EL Knoblauchbutter (Fertigprodukt)

Zubereitungszeit: ca. 30 Min.
Pro Portion ca. 780 kcal · 63 g E · 38 g F · 41 g K

RAFFINIERT

1 Die Schnitzel flach drücken, salzen und pfeffern. Den Mozzarella in insgesamt 8 Scheiben schneiden. Die Petersilie waschen, die Blättchen abzupfen.

2 Den Schinken, den Mozzarella und die Hälfte der Petersilienblättchen auf den Fleischscheiben verteilen und so zusammenklappen, dass Täschchen entstehen. Mit Holzzahnstochern zustecken.

3 Das Öl in einer Pfanne erhitzen und die Täschchen kräftig anbraten. Salzen, pfeffern und mit Weißwein ablöschen. Zugedeckt bei mittlerer Hitze 15 Min. ziehen lassen.

4 Das Püree nach Packungsanleitung zubereiten. Die restliche Petersilie grob hacken und mit der Knoblauchbutter untermischen.

Dazu: Spinat oder gemischter Blattsalat

Getränk: Trockener Weißwein, z. B. Pinot Grigio

Beerentörtchen mit Schmandcreme

(kleines Bild)

Zutaten für 4 Personen
250 g gemischte Beeren (Erdbeeren, Himbeeren, Heidelbeeren, Johannisbeeren)
4 EL Zucker
250 g Schmand
2 cl Himbeergeist
4 Mürbeteigtörtchen (Fertigprodukt)
Puderzucker zum Bestäuben

Zubereitungszeit: ca. 10 Min.
Pro Portion ca. 484 kcal · 6 g E · 29 g F · 45 g K

CREMIG-ZART

1 Die Beeren waschen und je nach Sorte entstielen. Große Beeren klein schneiden, kleine ganz lassen. Mit 2 EL Zucker in einer Schüssel mischen und bis zum Weiterverarbeiten im Kühlschrank durchziehen lassen.

2 Den restlichen Zucker mit dem Schmand und dem Himbeergeist verrühren und kalt stellen.

3 Vor dem Servieren die Schmandcreme in die Törtchen füllen und die Beeren darauf verteilen. Nach Belieben mit Puderzucker bestäuben.

Getränk: Kaffee oder Espresso

Variante
Sollten Sie nur sehr kleine Mürbeteigtörtchen bekommen, nehmen Sie anstelle von 4 Törtchen einfach 8 und füllen diese, wie oben beschrieben.

Ablauf

1. Beerentörtchen zubereiten und kalt stellen
2. Garnelensalat zubereiten und kalt stellen
3. Fleischtäschchen zubereiten und warm stellen
4. Garnelensalat in die Paprikaschoten verteilen
5. Nach dem Abservieren der Vorspeise das Kartoffelpüree zubereiten

Melonensalat mit Garnelen

(großes Bild, hinten)

Zutaten für 4 Personen
1 Cantaloupe- oder Netzmelone
$^1/_2$ Bund Basilikum
3 EL Essig
5 EL Pesto (Fertigprodukt)
2 EL Sonnenblumenöl
Salz, Pfeffer
250 g Cocktail-Garnelen (geschält und gegart)

Zubereitungszeit: ca. 15 Min.
Pro Portion ca. 238 kcal · 15 g E · 15 g F · 12 g K

FRUCHTIG-FRISCH

1 Die Melone vierteln und mit einem Löffel die Kerne entfernen. Das Fruchtfleisch aus den Schalen schälen und in gleichmäßige Spalten schneiden.

2 Das Basilikum waschen, trockenschütteln und die Blättchen abzupfen. In einer Salatschüssel aus dem Essig, dem Pesto und dem Sonnenblumenöl, Salz und Pfeffer ein Dressing rühren.

3 Die Melonenspalten mit den Cocktail-Garnelen auf vier Tellern anrichten und mit dem Dressing übergießen. Die Basilikumblättchen darüber streuen.

Dazu: Baguette

Getränk: Prosecco

Lammkoteletts mit Couscous

(großes Bild, vorne)

Zutaten für 4 Personen
400 g Couscous
3 EL Rosinen
Salz, Pfeffer
2 Knoblauchzehen
2 EL Olivenöl
8 Lammkoteletts (je ca. 100 g)
1 Prise Kreuzkümmel
$^1/_2$ Bund frische Minze oder Basilikum

Zubereitungszeit: ca. 20 Min.
Pro Portion ca. 1094 kcal · 41 g E · 70 g F · 75 g K

WÜRZIG-PIKANT

1 Den Couscous mit 600 ml kochendem Wasser überbrühen. Die Rosinen untermischen. Mit Salz und Pfeffer würzen und 10 Min. quellen lassen. Warm halten.

2 Den Knoblauch pellen. Das Olivenöl in einer großen Pfanne erhitzen und die Lammkoteletts darin 6–8 Min. braten, dabei einmal wenden. Den Knoblauch während des Bratens darüber pressen. Die Lammkoteletts mit Salz, Pfeffer und Kreuzkümmel würzen.

3 Die Kräuter waschen, die Blättchen abzupfen. Den Couscous mit einer Gabel auflockern und mit den Lammkoteletts anrichten. Mit Minze garnieren.

Dazu: Gurkensalat mit Joghurtsauce und Oliven

Getränk: Leichter Rotwein, z. B. Beaujolais

Variante
Wer den Geschmack von Kreuzkümmel nicht mag, kann ihn durch Rosenpaprika ersetzen.

Zitronen-Quark-Creme

(kleines Bild)

Zutaten für 4 Personen
3 unbehandelte Zitronen
6 EL Zucker
750 g Magerquark
200 g süße Sahne

Zubereitungszeit: ca. 20 Min.
Pro Portion ca. 344 kcal · 27 g E · 16 g F · 22 g K

ERFRISCHEND

1 Zwei der Zitronen unter heißem Wasser gründlich abbürsten, abtrocknen und die Schale mit einem Zestenreißer abschälen. Alle Zitronen auspressen. In einer großen Schüssel den Zitronensaft so lange mit dem Zucker verrühren, bis dieser sich ganz aufgelöst hat.

2 Den Magerquark löffelweise unterrühren. Die Sahne steif schlagen und mit der Hälfte der Zitronenzesten untermischen. Die Creme in vier Dessertschalen füllen und mit den restlichen Zitronenzesten bestreuen. Bis zum Servieren kalt stellen.

Dazu: Mandelhippen

Getränk: Halbtrockener Champagner oder Prosecco

Variante
Anstelle der Zitronen können Sie auch Limetten, Orangen oder rosa Grapefruits verwenden.

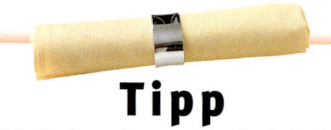
Tipp
Kein Zestenreißer zur Hand – kein Problem. Schälen Sie die Frucht einfach mit einem Sparschäler dünn ab und schneiden Sie die Schale anschließend in feine Streifen.

Ablauf

1. Limetten-Quark-Creme zubereiten und kalt stellen
2. Melonensalat zubereiten, marinieren
3. Couscous quellen lassen und warm stellen
4. Lammkoteletts nach Abservieren der Vorspeise zubereiten

60
50
40
30
20
10
5

Kalte Gurkensuppe mit Kefir

(großes Bild, hinten)

Zutaten für 4 Personen

1 große Salatgurke
4 Knoblauchzehen
500 g Kefir
$1/_2$ Bund frische Minze
1 kleiner Bund Dill
4 EL Olivenöl
Salz, Pfeffer

Zubereitungszeit: ca.15 Min.
Pro Portion ca. 180 kcal · 5 g E ·
15 g F · 7 g K

ERFRISCHEND

1 Die Gurke schälen, erst quer, dann längs halbieren und die Kerne mit einem Löffel herausschaben. Das Fruchtfleisch grob würfeln und in den Mixer geben.

2 Den Knoblauch pellen und mit dem Kefir dazugeben. Die Minze und den Dill abbrausen und trockenschütteln. Die Blättchen abzupfen, einige zum Garnieren beiseite legen, die restlichen in den Mixer geben. Alles gut durchmixen und in eine Schüssel füllen.

3 Das Olivenöl untermischen. Mit Salz und Pfeffer würzen. Die Suppe in Teller oder Tassen füllen und mit den übrigen Kräutern garnieren.

Dazu: Sesamfladen oder Olivenbrot

Getränk: Apfelschorle

Roastbeef mit Rucola

(großes Bild, vorne)

Zutaten für 4 Personen

5 EL Zitronensaft
6 EL Olivenöl
1 Msp. mittelscharfer Senf
Salz, Pfeffer
150 g Rucola
800 g Roastbeef-Aufschnitt oder Putenbrust in dünnen Scheiben
100 g Parmesan am Stück

Zubereitungszeit: ca. 15 Min.
Pro Portion ca. 514 kcal · 55 g E ·
31 g F · 4 g K

GELINGT GANZ LEICHT

1 Den Zitronensaft mit dem Olivenöl, dem Senf, Salz und Pfeffer in einen Rührbecher geben. Mit dem Mixstab zu einer cremiger Sauce aufschlagen.

2 Die Rucola waschen und die Stiele abknipsen. Die Rucolablättchen mit den Roastbeefscheiben dekorativ auf vier Tellern anrichten und mit der Sauce beträufeln. Den Parmesan in dünnen Spänen darüber hobeln.

Dazu: Toskanabrot, Baguette oder Bratkartoffeln (Fertigprodukt)

Getränk: Chianti

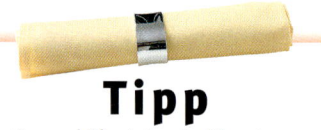

Tipp
Der Sparschäler tut gute Dienste, wenn es darum geht, den Parmesan in Späne zu hobeln.

Pfirsichsalat mit Brombeeren

(kleines Bild)

Zutaten für 4 Personen

1 Zitrone
200 ml Wasser
100 g Zucker
1 Pck. Vanillezucker
5 Pfirsiche (gesamt ca. 600 g)
250 g Brombeeren
250 g Crème double

Zubereitungszeit. ca. 10 Min.
Pro Portion ca. 511 kcal · 3 g E ·
36 g F · 43 g K

GANZ EINFACH

1 Die Zitrone auspressen, mit dem Wasser, dem Zucker und dem Vanillezucker in einen Topf geben. Alles aufkochen und 10 Min. köcheln lassen.

2 Inzwischen die Pfirsiche waschen, halbieren, vom Stein befreien, vierteln und in feine Spalten schneiden. Die Brombeeren waschen und abtropfen lassen. Mit den Pfirsichen in eine Schale füllen.

3 Den Zitronensud durch ein Sieb über die Früchte gießen. Abkühlen lassen und bis zum Servieren kalt stellen. Die Crème double mit den Schneebesen des Handrührers aufschlagen.

4 Den Obstsalat mit der Sauce in Dessertschalen füllen und die Crème double als Klacks darauf verteilen.

Variante
Die Fruchtsorten können Sie nach Belieben kombinieren, z. B. Nektarinen und Aprikosen mit Himbeeren, gewürfelte Melone mit Erdbeeren oder verschiedenen Beeren. Sahnequark, der mit etwas Sahne glatt gerührt wird, kann die Crème double ersetzen.

Ablauf

1. Gurkensuppe zubereiten und kalt stellen
2. Rucola und die Sauce vorbereiten
3. Pfirsichsalat zubereiten und kalt stellen
4. Nach dem Abservieren der Gurkensuppe das Roastbeef anrichten

Gekühlte Rucola-Erbsen-Suppe
(großes Bild, links)

Zutaten für 4 Personen
600 g TK-Erbsen
Salz
1 Knoblauchzehe
150 g Rucola
250 g saure Sahne
500 ml Gemüsebrühe
Salz, Pfeffer
1 Spritzer Tabascosauce

Zubereitungszeit: ca. 15 Min.
Pro Portion ca. 258 kcal · 12 g E ·
10 g F · 30 g K

RAFFINIERT

1 Die Erbsen in kochendem Salzwasser 5 Min. garen. In ein Sieb schütten, eiskalt abschrecken und sehr gut abtropfen lassen.

2 Den Knoblauch pellen. Den Rucola waschen und von den Stielen zupfen, einige Blättchen zum Garnieren beiseite legen. Den Rucola zusammen mit den Erbsen, der sauren Sahne und der Hälfte der Gemüsebrühe im Mixer pürieren.

3 Die Erbsensuppe in eine Schüssel gießen, die restliche Gemüsebrühe untermischen und mit Salz, Pfeffer und Tabasco kräftig abschmecken. Bis zum Servieren kalt stellen.

4 Die Suppe vor dem Servieren nochmal gut durchrühren und in vier Suppentassen füllen. Mit Rucolablättchen garnieren.

Dazu: Tortillachips

Getränk: Prosecco

Pochierte Lachsforelle
(großes Bild, rechts)

Zutaten für 4 Personen
1 Bund Suppengrün, 1 Zwiebel
1 Lorbeerblatt, Salz
1 TL Pfefferkörner
400 ml Fischfond (aus dem Glas)
250 ml trockener Weißwein
1 küchenfertige Lachsforelle (ca. 1 kg)
Saft von 1 Zitrone, weißer Pfeffer
1 Bund Dill, 150 g Crème fraîche

Zubereitungszeit: ca. 30 Min.
Pro Portion ca. 570 kcal · 54 g E ·
23 g F · 26 g K

FESTLICH

1 Das Suppengrün waschen und grob würfeln. Die Zwiebel pellen und vierteln. Das Gemüse mit Lorbeerblatt, Salz, Pfefferkörnern, Fischfond und Weißwein 10 Min. köcheln. Den Backofen auf 50° vorheizen.

2 Die Lachsforelle kalt abspülen, trockentupfen, innen und außen mit etwas Zitronensaft beträufeln, salzen und pfeffern. Den Dill abbrausen und in den Bauch legen. Den Fisch in den Sud legen, bei milder Hitze 15 Min. ziehen lassen. Herausnehmen und im Backofen warm stellen.

3 Den Fischsud passieren und bei starker Hitze ohne Deckel um die Hälfte einkochen. Dabei die Crème fraîche unterrühren. Mit Salz, Pfeffer und Zitronensaft abschmecken.

4 Die Lachsforelle häuten, die Filets mit der Sauce auf vorgewärmten Tellern anrichten.

Dazu: Salzkartoffeln, Gurkensalat mit Dill-Sahne-Dressing

Getränk: Leichter, trockener Weißwein, z. B. Sancerre aus Frankreich

Mascarponecreme mit Pfirsichen
(kleines Bild)

Zutaten für 4 Personen
5 reife Pfirsiche oder 1 Dose Pfirsichhälften (550 g Abtropfgewicht)
250 g Mascarpone
8 EL Pfirsichlikör oder Fruchtsaft
1 EL Zitronensaft
2 EL Butter
2 EL gehackte Mandeln

Zubereitungszeit: ca. 15 Min.
Pro Portion ca. 455 kcal · 5 g E ·
35 g F · 25 g K

FRUCHTIG-FRISCH

1 Die Pfirsiche überbrühen, häuten, halbieren und den Stein entfernen. Die Fruchthälften in breite Spalten schneiden.

2 Den Mascarpone mit dem Pfirsichlikör und dem Zitronensaft zu einer glatten Creme verrühren.

3 Die Butter in einer Pfanne erhitzen und die Pfirsichspalten 3 Min. darin schwenken. Auf vier Tellern verteilen und mit den gehackten Mandeln bestreuen. Die Mascarponecreme jeweils als Klacks darauf setzen.

Getränk: Cava (spanischer Sekt)

Variante
Wer möchte, kann die Pfirsiche durch Aprikosen und/oder Nektarinen ersetzen.

Ablauf

1. Rucola-Erbsen-Suppe zubereiten und kalt stellen
2. Mascarponecreme mit Pfirsichen zubereiten und kalt stellen
3. Lachsforelle vorbereiten
4. Lachsforelle und Sauce zubereiten

Marinierte Auberginen mit Feta
(großes Bild, vorne)

Zutaten für 4 Personen
2 kleine Auberginen (je ca. 300 g)
7 EL Olivenöl
3 Knoblauchzehen
Salz, Pfeffer
1 TL getrockneter Oregano
einige Minzezweige
5 EL Zitronensaft
250 g Feta (griechischer Schafskäse)

Zubereitungszeit: ca. 15 Min.
Pro Portion ca. 351 kcal · 11 g E · 31 g F · 7 g K

PREISWERT

1 Die Auberginen waschen und längs in 1 cm dicke Scheiben schneiden – das geht schnell und vor allem gleichmäßig mit der Brotschneidemaschine.

2 4 EL Olivenöl in einer großen Pfanne erhitzen und die Auberginenscheiben darin ca. 5 Min. beidseitig kräftig braten. Den Knoblauch pellen und darüber pressen. Die Auberginen auf eine Platte legen und mit Salz, Pfeffer und Oregano würzen.

3 Die Minze waschen, trockenschütteln und abzupfen. Das restliche Olivenöl mit dem Zitronensaft, Salz und Pfeffer verrühren und auf die Auberginen träufeln. Den Feta klein zerbröckeln und gleichmäßig über die Auberginen streuen.

Dazu: Sesamfladen

Getränk: Bier oder trockener Weißwein, z. B. Demestica aus Griechenland

Hähnchenbrust mit Zitrone
(großes Bild, hinten)

Zutaten für 4 Personen
4 Hähnchenbrustfilets (ca. 700 g)
1 Zitrone, 6 EL Olivenöl
2 TL Honig, 2 Knoblauchzehen
1 Zweig frischer Oregano
Salz, Pfeffer, 500 g Zucchini

Zubereitungszeit: ca. 20 Min.
Pro Portion ca. 359 kcal · 42 g E · 17 g F · 6 g K

GUT VORZUBEREITEN

1 Die Filets kalt abspülen, trockentupfen und in eine Schale legen.

2 Die Zitrone auspressen. Den Saft mit 2 EL Öl und dem Honig verrühren. Den Knoblauch pellen und dazupressen. Den Oregano kurz abbrausen, die Hälfte der Blättchen zugeben. Salzen und pfeffern, über die Hähnchenbrustfilets gießen und 10 Min. zugedeckt ziehen lassen.

3 Die Zucchini putzen, waschen und in Scheiben schneiden. In 2 EL Öl 5 Min. dünsten. Salzen und pfeffern.

4 Die Filets aus der Marinade nehmen, etwas abtupfen und im restlichen Öl 5 Min. braten. Die Marinade dazugießen und 10 Min. zugedeckt ziehen lassen. Die Filets mit der Sauce auf den Zucchini anrichten.

Dazu: Landbrot und Tomatensalat

Getränk: Trockener Weißwein, z. B. Orvieto aus Umbrien (Italien)

Variante
Anstelle der Hähnchenbrustfilets können Sie auch gut preiswertere Putenschnitzel verwenden. Der Zitronensaft kann durch Orangen- oder Grapefruitsaft ersetzt werden.

Melone mit Himbeersauce
(kleines Bild)

Zutaten für 4 Personen
1 Cantaloupe-Melone
250 g Himbeeren
2 EL Zucker
1 EL Zitronensaft
250 g Sahnequark
einige Minzeblättchen

Zubereitungszeit: ca. 10 Min.
Pro Portion ca. 180 kcal · 8 g E · 7 g F · 19 g K

FRUCHTIG

1 Die Melone vierteln und mit Hilfe eines Löffels von den Kernen befreien. Das Fruchtfleisch aus der Schale schneiden und würfeln. Kalt stellen.

2 Die Himbeeren kurz waschen und abtropfen lassen. Anschließend pürieren und durch ein feines Sieb streichen. Das Himbeerpüree mit dem Zucker, dem Zitronensaft und dem Sahnequark verrühren.

3 Die Himbeersauce auf vier Tellern oder in Schälchen anrichten und die Melonenwürfel darauf verteilen. Die Minze waschen, die Blättchen abzupfen und das Dessert damit garnieren.

Dazu: Waffelröllchen

Variante
Die frischen Himbeeren können Sie problemlos durch TK-Beeren ersetzen. Diese auftauen lassen, pürieren, durch ein feines Sieb streichen und anschließend wie oben beschrieben weiterverfahren.

Ablauf

1. Auberginen marinieren, den Feta erst kurz vor dem Servieren darüber streuen
2. Hähnchenbrust marinieren und ziehen lassen
3. Melone mit der Himbeersauce zubereiten und kalt stellen
4. Zucchini für den Hauptgang zubereiten
5. Hähnchenbrust nach dem Abservieren der Vorspeise braten

Schweinebraten mit Cornichons
(großes Bild, hinten)

Zutaten für 4 Personen

500 g Schweinebraten-Aufschnitt
1 kleine Zwiebel
6 Cornichons
3 EL Essig
Salz
5 EL Olivenöl
Pfeffer
4 Scheiben Bauernbrot
3 EL Butter

Zubereitungszeit: ca. 10 Min.
Pro Portion ca. 540 kcal · 28 g E ·
40 g F · 16 g K

PREISWERT

1 Die Schweinebraten-Scheiben
locker auf vier Tellern verteilen. Die
Zwiebel pellen und fein hacken. Die
Cornichons abtropfen lassen und in
Scheiben schneiden.

2 Den Essig mit dem Salz verrrühren.
Das Olivenöl in dünnem Strahl mit
dem Schneebesen unterschlagen,
mit Pfeffer abschmecken.

3 Die Zwiebel mit den Cornichons
auf dem Braten verteilen und das
Dressing gleichmäßig darüber
gießen. Bis zum Servieren kalt
stellen.

4 Das Brot in breite Streifen schneiden. Die Butter in einer großen Pfanne erhitzen. Die Brotscheiben darin
goldbraun braten und dazu reichen.

Getränk: Bier

Variante
Den Schweinebraten nach Belieben
durch kalorienarme Putenbrust oder
edlen Lachs ersetzen.

Kabeljau mit Zitrone auf Blattspinat
(großes Bild, vorne)

Zutaten für 4 Personen

1 Bund Basilikum
2 unbehandelte Zitronen
6 EL Olivenöl
1 Knoblauchzehe, Salz, Pfeffer
4 Kabeljaufilets (je ca. 200 g)
1 kleine Zwiebel, 450 g TK-Blattspinat
150 ml Gemüsebrühe, 1 Prise Muskat

Zubereitungszeit: ca. 25 Min.
Pro Portion ca. 308 kcal · 37 g E ·
16 g F · 5 g K

GELINGT LEICHT

1 Das Basilikum waschen, grob
hacken. Die Zitronen heiß abwaschen. Eine halbe Zitrone auspressen, den Rest in Scheiben schneiden.
Die Hälfte des Zitronensafts, 3 EL Öl
und das Basilikum mischen. Den
Knoblauch pellen und dazupressen,
salzen, pfeffern und gut mischen.

2 Den Backofen auf 180° vorheizen.
Den Fisch waschen. Jede Portion
längs halbieren und mit dem restlichen Zitronensaft beträufeln.

3 Eine Gratinform fetten und mit der
Hälfte der Zitronenscheiben auslegen. Die Hälfte der Filets hineinlegen
und die Basilikummischung gleichmäßig darauf verteilen. Die übrigen
Filets darauf setzen. Mit den restlichen Zitronenscheiben belegen und
im vorgeheizten Backofen (Mitte,
Umluft 160°) ca. 25 Min. garen.

4 Die Zwiebel pellen, fein hacken, in
1 EL Öl andünsten. Spinat und Gemüsebrühe zugeben und zugedeckt ca.
10 Min. garen. Mit Salz, Pfeffer und
Muskat würzen und anrichten.

Getränk: Leichter trockener Weißwein, z. B. Pinot Grigio aus Italien

Erdbeeren auf Stracciatellacreme
(kleines Bild)

Zutaten für 4 Personen

500 g Erdbeeren
2 EL Puderzucker
600 g Sahnejoghurt »Stracciatella«
Minze zum Garnieren

Zubereitungszeit: ca. 15 Min.
Pro Portion ca. 318 kcal · 4 g E ·
7 g F · 13 g K

PREISWERT

1 Die Erdbeeren putzen, waschen
und je nach Größe halbieren oder
vierteln. Mit dem Puderzucker mischen und zugedeckt 10 Min. ziehen
lassen.

2 Die Hälfte des Joghurts in vier Dessertschalen füllen und die Hälfte der
Erdbeeren darauf verteilen. Mit dem
restlichen Stracciatella-Joghurt bedecken und die übrigen Erdbeeren
darüber geben. Die Minze waschen,
trockentupfen und auf den Erdbeeren anrichten.

Dazu: Buttergebäck

Variante
Die Erdbeeren sind durch andere
Beeren oder Früchte wie Aprikosen,
Pfirsiche, Nektarinen oder Kirschen
zu ersetzen. Außerhalb der Saison
empfiehlt es sich TK-Früchte zu verwenden. Wer möchte, kann anstelle
des Stracciatella-Joghurts entspre-
chenden Fruchtjoghurt oder neutra-
len Sahnequark verwenden.

Ablauf

1. Schweinebraten auf Tellern oder einer Platte anrichten, mit der Marinade übergießen und ziehen lassen

2. Erdbeeren vorbereiten, mit Puderzucker mischen und ziehen lassen

3. Backofen auf 180° vorheizen

4. Fisch vorbereiten und in den Ofen schieben

5. Erdbeeren mit der Stracciatellacreme in Gläser schichten, erst vor dem Servieren mit Minze garnieren

6. Fisch nach Abservieren der Vorspeise fertig stellen

Melone mit Serrano-Schinken
(großes Bild, vorne)

Zutaten für 4 Personen
1 Honigmelone
250 g Serrano- oder Parma-Schinken
in dünnen Scheiben
2 EL Zitronensaft
4 EL Olivenöl
Salz, Pfeffer
$^{1}/_{2}$ Bund Zitronenmelisse

Zubereitungszeit: ca. 15 Min.
Pro Portion ca. 374 kcal · 11 g E ·
32 g F · 10 g K

F E S T L I C H

1 Die Melone vierteln und die Kerne
mit einem Löffel herausnehmen. Das
Fruchtfleisch aus der Schale schneiden und in mundgerechte Stücke
teilen. Die Melonenstücke auf vier
Tellern verteilen. Den Schinken
locker daneben legen.

2 Den Zitronensaft mit dem Olivenöl,
Salz und Pfeffer verrühren. Die Zitronenmelisse waschen, die Blättchen
abzupfen und grob hacken. In die
Sauce geben und auf den Melonen-
stücken verteilen.

Dazu: Sesamfladen

Getränk: Trockener Sherry (Fino)

Variante
Wer möchte, kann die Zitronenmelisse durch Minze oder Koriandergrün ersetzen.

Fischgratin auf Fenchel
(großes Bild, hinten)

Zutaten für 4 Personen
4 Fenchelknollen (gesamt ca. 800 g)
3 EL Olivenöl
Salz, Pfeffer
150 ml trockener Weißwein
800 g Schellfisch
1 EL Zitronensaft
200 g schwarze Oliven
150 g Crème fraîche
4 Portionen Kartoffelpüree
(Fertigprodukt)

Zubereitungszeit: ca. 30 Min.
Pro Portion ca. 721 kcal · 47 g E ·
36 g F · 48 g K

M I T V I E L E N V I T A M I N E N

1 Den Backofen auf 220° vorheizen.
Den Fenchel putzen, dabei das Grün
abschneiden und beiseite legen. Die
Knollen waschen, in dünne Scheiben
schneiden und in 2 EL Öl anbraten.
Salzen, pfeffern und den Weißwein
zugießen. 5 Min. ziehen lassen. 2 EL
Sud abnehmen.

2 Eine Gratinform mit 1 EL Öl auspinseln. Den Fenchel mit Sauce darin
verteilen. Den Fisch waschen, mit Zitronensaft beträufeln, salzen, pfeffern und auf den Fenchel legen.

3 Die Oliven entsteinen und grob
hacken. Mit der Crème fraîche und
den 2 EL Weinsud verrühren, salzen,
pfeffern und auf dem Fisch verteilen.

4 Im Backofen (Mitte, Umluft 200°)
15 Min. gratinieren. Das Kartoffelpüree nach Packungsanleitung zubereiten und das klein geschnittene
Fenchelgrün untermischen. Mit dem
Fenchel und dem Fisch anrichten.

Getränk: Trockener Weißwein, z. B.
Entre deux Mer

Heidelbeersahne mit Vanilleeis
(kleines Bild)

Zutaten für 4 Personen
250 g Heidelbeeren
200 g süße Sahne
1 EL Zucker
1 Päckchen Vanillezucker
4 Kugeln Vanilleeis
2 EL Krokant (Fertigprodukt)
Zitronenmelisse zum Garnieren

Zubereitungszeit: ca. 10 Min.
Pro Portion ca. 548 kcal · 8 g E ·
36 g F · 49 g K

E R F R I S C H E N D

1 Die Heidelbeeren waschen und in
einem Sieb gut abtropfen lassen.

2 Die Sahne steif schlagen, dabei
den Zucker und den Vanillezucker
dazugeben. Zum Schluss die Heidelbeeren unterheben.

3 Die Heidelbeersahne in vier Des-
serschalen verteilen und je 1 Kugel
Vanilleeis darauf setzen. Mit Krokant
bestreuen und mit Minzeblättchen
garnieren.

Dazu: Eiswaffeln

Variante
Sollten Sie keine schönen frischen
Heidelbeeren bekommen, können
Sie auf TK-Heidelbeeren oder Heidel-
beeren aus dem Glas zurückgreifen.
Die Heidelbeeren können aber auch
durch Preiselbeeren aus dem Glas
sowie durch TK-Himbeeren oder
Brombeeren ersetzt werden.

Ablauf

1. Heidelbeersahne zubereiten und kalt stellen
2. Melone mit dem Schinken auf Tellern anrichten
3. Backofen auf 220° vorheizen
4. Fenchel und Fisch vorbereiten und nach dem Servieren der Vorspeise in den Ofen schieben
5. Nach dem Abservieren der Vorspeise das Kartoffelpüree fertig stellen

Tortellini auf Tomate mit Pestosauce

(großes Bild, hinten)

Zutaten für 4 Personen
Salz
500 g Tortellini (aus dem Kühlregal)
4 Tomaten
3 EL Essig
1 EL Olivenöl
150 g Pesto (Fertigprodukt)
Pfeffer
$^1/_2$ Bund Basilikum

Zubereitungszeit: ca. 15 Min.
Pro Portion ca. 318 kcal · 13 g E · 25 g F · 12 g K

BLITZSCHNELL

1 Salzwasser aufkochen und die Tortellini darin nach Packungsanleitung kochen.

2 Inzwischen die Tomaten waschen, quer in Scheiben schneiden und dabei den Stielansatz entfernen. Die Tomatenscheiben auf vier Tellern ausbreiten und leicht salzen.

3 In einer kleinen Schüssel den Essig mit dem Olivenöl und dem Pesto verrühren. Mit Salz und Pfeffer abschmecken. Das Basilikum waschen und die Blättchen abzupfen.

4 Die warmen Tortellini auf den Tomaten verteilen. Mit der Pestosauce übergießen und mit den Basilikumblättchen bestreuen.

Getränk: Prosecco

Variante
Nach Belieben können Sie die Tortellini durch Ravioli ersetzen. Was die Füllung angeht, ist Ihrem Geschmack keine Grenze gesetzt: Egal, ob fleischlos oder mit fleischhaltiger Füllung – alles ist erlaubt und passt!

Erbsen-Frittata mit Paprika-Dip

(großes Bild, vorne)

Zutaten für 4 Personen
600 g TK-Erbsen, Salz
$^1/_2$ Bund Frühlingszwiebeln
4 EL Olivenöl, 6 Eier
50 g frisch geriebener Parmesan
Pfeffer
1 Prise frisch gemahlene Muskatnuss
1 Knoblauchzehe
1 Glas gehäutete Paprikaschoten
(400 g Abtropfgewicht)
1 Msp. Cayennepfeffer

Zubereitungszeit: ca. 15 Min.
Pro Portion ca. 401 kcal · 24 g E · 23 g F · 24 g K

VEGETARISCH

1 Die Erbsen in kochendem Salzwasser 5 Min. blanchieren, in ein Sieb schütten, eiskalt abschrecken und sehr gut abtropfen lassen.

2 Die Frühlingszwiebeln putzen, waschen und in feine Ringe schneiden. Das Olivenöl in einer breiten beschichteten Pfanne erhitzen und die Frühlingszwiebeln darin 3 Min. dünsten. Die Erbsen dazugeben.

3 Die Eier aufschlagen und mit dem Parmesan verquirlen. Mit Salz, Pfeffer und Muskat würzen und in die Pfanne geben. Etwa 5 Min. stocken lassen. Mit Hilfe eines Tellers umdrehen und weitere 8 Min. garen.

4 Den Knoblauch pellen und mit den abgetropften Paprikaschoten im Mixer pürieren, mit Salz, Pfeffer und Cayennepfeffer würzen. Die Frittata warm oder kalt in Stücke teilen und mit dem Paprika-Dip servieren.

Getränk: Vinho Verde aus Portugal

Dazu: Gemischter Blattsalat

Brombeerquark mit Pinienkernen

(kleines Bild)

Zutaten für 4 Personen
500 g Brombeeren
4 EL Pinienkerne
750 g Sahnequark
6 EL Honig
2 EL Zitronensaft

Zubereitungszeit: ca. 15 Min.
Pro Portion ca. 459 kcal · 23 g E · 26 g F · 31 g K

FRUCHTIG-FRISCH

1 Die Brombeeren waschen und abtropfen lassen. Ein Drittel der Brombeeren beiseite legen. Die Pinienkerne in einer trockenen Pfanne kurz goldbraun anrösten.

2 Den Sahnequark mit den übrigen Brombeeren, dem Honig und dem Zitronensaft im Mixer pürieren und in vier Dessertschälchen füllen. Mit den ganzen Brombeeren garnieren und mit den Pinienkernen bestreuen.

Dazu: Gebäck

Variante
Dieses Rezept gelingt aber auch, wenn Sie die frischen Brombeeren durch TK-Beeren ersetzen.

Ablauf

1. Tortellini garen, Tomaten und Pestosauce zubereiten
2. Brombeerquark zubereiten und kalt stellen
3. Erbsen-Frittata zubereiten und bei milder Hitze warm stellen
4. Tortellini fertig stellen

Bohnensuppe mit Koriander

(großes Bild, links)

Zutaten für 4 Personen
1 kleine Zwiebel, 2 Knoblauchzehen
2 EL Olivenöl
750 g grüne Bohnen
750 ml Gemüsebrühe
Salz, Pfeffer
1 Msp. Cayennepfeffer
1 Bund frischer Koriander oder
Petersilie
4 EL Kartoffelpüreepulver (Fertigprodukt)
Saft von 1 Limette

Zubereitungszeit: 15 Min.
Pro Portion ca. 174 kcal · 5 g E ·
8 g F · 18 g K

PREISWERT

1 Die Zwiebel und den Knoblauch
pellen und fein hacken. In einem Topf
das Olivenöl erhitzen, Zwiebel und
Knoblauch darin glasig dünsten. Die
Bohnen putzen, waschen, grob zerschneiden und dazugeben.

2 Mit der Gemüsebrühe aufgießen,
aufkochen und 20 Min. zugedeckt
köcheln lassen. Mit Salz, Pfeffer und
Cayennepfeffer würzen.

3 Inzwischen die Kräuter waschen
und bis auf vier schöne Blättchen
grob hacken. Die Suppe pürieren,
das Kartoffelpüreepulver untermischen. Den Limettensaft mit den gehackten Kräutern einrühren und mit
je 1 Kräuterblättchen anrichten.

Dazu: Baguette

Getränk: Mineralwasser mit Minze

Variante
Sollten Sie keine Limette zur Hand
haben, gelingt das Rezept auch mit
4 EL Zitronensaft.

Zucchini-Nudel-Auflauf

(großes Bild, rechts)

Zutaten für 4 Personen
400 g Penne, Salz
250 g Zucchini
300 g gekochter Schinken
4 El Olivenöl
1 kleine Dose Tomaten (400 g Inhalt)
100 g frisch geriebener Bergkäse
2 Knoblauchzehen, Pfeffer
je $1/2$ TL geriebener Thymian und
Oregano

Zubereitungszeit: ca. 30 Min.
Pro Portion ca. 767 kcal · 35 g E ·
26 g F · 98 g K

PREISWERT

1 Die Nudeln nach Packungsanleitung kochen. Abgießen, abschrecken
und gut abtropfen lassen.

2 Die Zucchini putzen, waschen
und in dünne Scheiben hobeln. In
kochendem Salzwasser 1 Min. blanchieren, abschrecken und abtropfen
lassen. Den Schinken in schmale
Streifen schneiden.

3 Den Backofen auf 220° vorheizen.
Eine Gratinform mit 1 EL Olivenöl
auspinseln. Zucchini, Tomaten samt
Sauce, Schinken und die Hälfte des
Käses in eine Schüssel geben. Knoblauch pellen, dazupressen und alles
mischen. Mit Salz, Pfeffer, Thymian
und Oregano würzen.

4 In die Form füllen und mit dem
restlichen Käse bestreuen. Im vorgeheizten Backofen (Mitte, Umluft
200°) 20 Min. gratinieren.

Dazu: Gemischter Salat

Getränk: Bier oder Apfelwein

Aprikosen mit Haselnuss-Baiser

(kleines Bild)

Zutaten für 4 Personen
600 g Aprikosen
1 EL Butter, 3 EL Zucker
4 cl Aprikosenlikör oder Fruchtsaft
3 Eiweiße, 4 EL Puderzucker
100 g gemahlene Haselnüsse

Zubereitungszeit: ca. 15 Min.
Pro Portion ca. 332 kcal · 7 g E ·
18 g F · 33 g K

EINFACH

1 Die Aprikosen waschen, halbieren
und die Steine entfernen. Eine Gratinform mit der Butter auspinseln und
die Aprikosen mit der Schnittfläche
nach oben dachziegelartig hineinlegen. Mit dem Zucker bestreuen, mit
Likör oder Fruchtsaft beträufeln.

2 Den Backofen auf 200° vorheizen.
Die Eiweiße mit dem Puderzucker zu
sehr steifem Eischnee aufschlagen.
Die Haselnüsse unterheben.

3 Die Baisermasse gleichmäßig auf
den Aprikosen verteilen und im vorgeheizten Backofen (Mitte, Umluft
180°) 10 Min. goldbraun gratinieren.

Variante
Sie können auch andere Früchte,
z. B. Pfirsiche, oder aber Obst aus
dem Glas (Ananas oder Kirschen)
verwenden.

Tipp
Gut vorbereiten kann man für dieses
Rezept die Aprikosen, die in die Form
geschichtet und kalt gestellt werden.
Kurz vor dem Servieren wird dann nur
noch der Eischnee aufgeschlagen, darauf verteilt und gratiniert.

Ablauf

1. Bohnensuppe zubereiten, bei milder Hitze warm halten
2. Backofen auf 220° vorheizen
3. Auflauf einschichten, den Käse noch nicht darüber streuen
4. Aprikosen in einer Gratinform vorbereiten
5. Suppe servieren
6. Auflauf mit Käse bestreuen und in den Backofen schieben, danach die Temperatur auf 200° reduzieren
7. Nach dem Servieren der Hauptspeise die Aprikosen in den Ofen schieben und gratinieren

Friséesalat mit Sherrypilzen

(großes Bild, hinten)

Zutaten für 4 Personen
250 g Champignons
6 EL Olivenöl
2 Knoblauchzehen
Salz, Pfeffer
8 cl trockener Sherry
50 g entsteinte schwarze Oliven
1 Friséesalat
1/2 Bund Petersilie
2 EL Essig

Zubereitungszeit: ca. 15 Min.
Pro Portion ca. 207 kcal · 2 g E ·
17 g F · 5 g K

RAFFINIERT

1 Die Champignons putzen, kurz abbrausen, trockentupfen und vierteln.
3 EL Olivenöl in einer breiten Pfanne
erhitzen. Die Pilze bei starker Hitze
5 Min. anbraten. Knoblauch pellen
und dazupressen.

2 Die Pilze salzen, pfeffern und mit
Sherry ablöschen. Weitere 5 Min.
ziehen lassen. Die Oliven hacken.

3 Den Salat putzen, waschen und
große Blätter etwas klein zupfen. Die
Petersilie waschen, trockenschleu-
dern, die Blättchen abzupfen und
klein hacken.

4 Aus dem Essig, dem restlichen Olivenöl, Salz und Pfeffer eine Marinade
rühren. Den Salat mit den Oliven in
der Marinade wenden. Auf vier Tellern verteilen. Die Petersilie unter die
lauwarmen Pilze mischen und samt
Sauce darauf anrichten.

Dazu: Warme Sesamfladen,
Baguette oder Ciabatta

Getränk: Trockener Sherry (Fino)

Spaghetti mit Käse-Kräuter-Sauce

(großes Bild, vorne)

Zutaten für 4 Personen
Salz, 1 kleine Zwiebel
2 Knoblauchzehen
2 EL Butter
250 ml Gemüsebrühe
200 g süße Sahne
400 g Kräuter-Frischkäse
500 g Spaghetti, Pfeffer
1 TL Thymian, Zitronensaft
150 g Kirschtomaten

Zubereitungszeit: ca. 15 Min.
Pro Portion ca. 918 kcal · 26 g E ·
45 g F · 101 g K

OHNE FLEISCH

1 Reichlich Salzwasser aufkochen.
Die Zwiebel und den Knoblauch pellen und fein hacken. In einem Topf
die Butter erhitzen und Zwiebel und
Knoblauch darin glasig dünsten. Mit
der Gemüsebrühe und der Sahne
aufgießen und aufkochen. Den
Frischkäse zugeben und bei milder
Hitze unter Rühren auflösen.

2 Die Spaghetti im Salzwasser in
knapp 10 Min. »al dente« kochen. In
einem Sieb gut abtropfen lassen.

3 Die Sauce mit dem Pürierstab
durchmixen und so lange köcheln
lassen, bis sie eine cremige Konsistenz hat. Mit Salz, Pfeffer, Thymian
und Zitronensaft abschmecken.

4 Die Kirschtomaten waschen und
vierteln. Die Spaghetti gut mit der
Sauce mischen. Auf Tellern mit den
Kirschtomaten bestreuen.

Getränk: Leichter Rotwein, z. B.
Chianti

Dazu: Gemischter Blattsalat mit
Vinaigrette

Torteletts mit Erdbeeren

(kleines Bild)

Für 4 Personen
300 g Erdbeeren
1 EL Zitronensaft
3 EL Zucker
250 g Sahnequark
2 Päckchen Vanillezucker
4 Torteletts (Fertigprodukt)
Puderzucker zum Bestäuben

Zubereitungszeit: ca. 15 Min.
Pro Portion ca. 435 kcal · 12 g E ·
22 g F · 48 g K

EINFACH, ABER KLASSISCH

1 Die Erdbeeren waschen, putzen
und halbieren. In einer Schüssel mit
dem Zitronensaft beträufeln und mit
2 EL Zucker mischen.

2 Den Sahnequark mit dem Vanillezucker und dem restlichen Zucker
gut verrühren. Den ausgetretenen
Saft der Erdbeeren unterrühren.

3 Den Quark gleichmäßig auf die
Torteletts streichen. Die Erdbeeren
mit der Schnittfläche nach oben darauf legen und vor dem Servieren mit
Puderzucker bestäuben.

Dazu: Schlagsahne

Tipp
Beim Erdbeerkauf sollten Sie sich nicht
so sehr von der Schönheit der Früchte
leiten lassen – probieren Sie auf jeden
Fall, ob sie auch aromatisch sind. Achten Sie auf makellose Ware, die möglichst lose oder in kleinen Körbchen angeboten wird, damit die Früchte so
wenig wie möglich gedrückt werden.
Ein Spritzer Zitronensaft verstärkt übrigens den Erdbeergeschmack!

Ablauf

1. Torteletts vorbereiten und kalt stellen, erst kurz vor dem Servieren mit Puder-zucker bestäuben
2. Käsesauce zubereiten und bei milder Hitze warm halten
3. Friséesalat mit Sherrypilzen zubereiten
4. Nach dem Servieren der Vorspeise die Spaghetti kochen, mit der Sauce mischen

Rehmedaillons in Cranberry-Sauce

Zutaten für 4 Personen

1 Zwiebel, 2 EL Butter

250 g Cranberries (frisch oder tiefge-
kühlt) oder Preiselbeeren

250 ml Rotwein

$1/2$ Zimtstange, 1 Lorbeerblatt

Salz, Pfeffer

1 TL Aceto Balsamico

8 Kartoffelpuffer (TK-Produkt)

2 EL Öl

12 Rehmedaillons (je ca. 50 g) oder
Kalbsmedaillons

Zubereitungszeit: ca. 20 Min.

Pro Portion ca. 705 kcal · 39 g E ·
17 g F · 24 g K

RAFFINIERT

1 Die Zwiebel pellen, fein hacken
und in einem Topf in 1 EL Butter glasig dünsten. Die Beeren waschen, zu
den Zwiebeln geben und mitdünsten.
Rotwein, Zimtstange und Lorbeerblatt zugeben und 10 Min. bei milder
Hitze offen köcheln lassen.

2 Ein Drittel der Beeren aus der Sauce heben, den Rest pürieren. Mit
Salz, Pfeffer und Aceto Balsamico abschmecken. Die ganzen Beeren wieder zugeben und bei milder Hitze offen köcheln lassen. Zimtstange und
Lorbeerblatt entfernen.

3 Die Kartoffelpuffer zubereiten. Die
restliche Butter mit dem Öl in einer
großen Pfanne stark erhitzen. Die
Medaillons darin von beiden Seiten
scharf anbraten. Hitze reduzieren
und in ca. 15 Min. fertig braten, dabei
einmal wenden. Salzen und pfeffern.
Mit der Sauce und den Kartoffelpuffern anrichten.

Dazu: Gedünsteter Rotkohl

Getränk: Pinotage aus Südafrika

Herbst

Zutaten für 4 Personen

1 kleine Zwiebel

1 Knoblauchzehe

1 EL Butter

500 g geräucherte Forellenfilets

4 EL Crème fraîche

Salz, Pfeffer

1 Spritzer Zitronensaft

150 g Feldsalat

2 EL Essig

1 TL süßer Senf

3 EL Öl

1 kleines Ciabatta oder Baguette

2 kleine Zwiebeln

nach Belieben 50 g Forellenkaviar

Zubereitungszeit: ca. 20 Min.
Pro Portion ca. 513 kcal · 34 g E ·
22 g F · 30 g K

GANZ EINFACH

Forellencrostini auf Feldsalat

(großes Bild)

1 Die Zwiebel und den Knoblauch pellen und fein hacken. Die Butter in einer Pfanne erhitzen, Zwiebel und Knoblauch darin weich dünsten.

2 Die Forellenfilets mit der Crème fraîche und der Zwiebel-Knoblauch-Mischung im Mixer pürieren. Mit Salz, Peffer und Zitronensaft abschmecken.

3 Den Feldsalat putzen, waschen und gut abtropfen lassen. Den Essig mit Senf, Öl, Salz und Pfeffer in einen Rührbecher geben und

mit dem Mixstab zu einem cremigen Dressing aufschlagen. Den Feldsalat auf vier Tellern verteilen und damit beträufeln.

4 Das Brot schräg in Scheiben schneiden und im Toaster oder in einer Pfanne rösten. Mit der Forellencreme bestreichen und neben dem Feldsalat anrichten. Die Zwiebeln pellen und in Ringe schneiden. Nach Belieben mit Forellenkaviar anrichten.

Getränk: Kräftiger Weißwein, z. B. Grauburgunder aus Baden

Zutaten für 4 Personen

200 g süße Sahne

50 g Zucker

$1/2$ TL Zimt

450 g Maronenpüree (aus der Dose)

5 EL Rum

4 EL Honig

6 EL Zitronensaft

400 g weiße und blaue Trauben

50 g gehackte Walnüsse

Walnusshälften und Minzeblättchen zum Garnieren

Zubereitungszeit: ca. 20 Min.
Pro Portion ca. 654 kcal · 6 g E ·
25 g F · 92 g K

GELINGT LEICHT

Maronencreme mit Trauben

(kleines Bild)

1 Die Sahne in einen Topf gießen, den Zucker dazugeben und aufkochen. Den Zimt zufügen und das Maronenpüree löffelweise unterrühren, sodass eine homogene Masse entsteht. Zuletzt den Rum untermischen.

2 Die Maronencreme in vier Dessertschalen oder eine große Schüssel füllen. Abkühlen lassen und kalt stellen.

3 Den Honig mit dem Zitronensaft in einer Schüssel verrühren. Die Trauben waschen, abzupfen, halbieren und die Kerne entfernen. Die Trauben mit den Walnüssen in die Schüssel geben, alle Zutaten gut mischen und ebenfalls kalt stellen.

4 Die marinierten Trauben auf der Maronencreme verteilen. Mit Walnusshälften und Minzeblättchen garnieren.

Getränk: Portwein

Variante
Falls Sie kein Maronenpüree bekommen, können Sie stattdessen fertige Mousse au chocolat oder Panna cotta nehmen und mit den Trauben anrichten.
Es sieht aber auch sehr hübsch aus, die Creme als Nocken abzustechen und auf Teller zu setzen. Wie oben beschrieben garnieren.

Ablauf

1. Maronencreme und Trauben zubereiten und kalt stellen
2. Feldsalat waschen und abtropfen lassen
3. Forellencreme herstellen
4. Cranberry-Sauce zubereiten und bei milder Hitze warm halten
5. Forellencrostini und Feldsalat fertig stellen
6. Rehmedaillons nach Abservieren der Vorspeise fertig stellen

Fischsuppe mit Gemüse und Dill

(großes Bild, vorne)

Zutaten für 4 Personen
2 Bund Suppengrün
800 ml Fischfond (aus dem Glas)
200 ml trockener Weißwein
300 g Kabeljaufilet
1 TL Zitronensaft
Salz, Pfeffer
100 g Grönland-Garnelen (geschält und gegart)
$^1/_2$ Bund Dill

Zubereitungszeit: ca. 15 Min.
Pro Portion ca. 210 kcal · 21 g E · 3 g F · 15 g K

RAFFINIERT

1 Das Suppengrün putzen, waschen und klein schneiden. Den Fischfond mit dem Weißwein offen 5 Min. köcheln lassen. Das Suppengrün dazugeben und ca. 10 Min. darin garen.

2 Inzwischen den Fisch in mundgerechte Stücke schneiden und mit Zitronensaft beträufeln. Mit Salz und Pfeffer würzen. Mit den Garnelen in die Suppe geben und bei milder Hitze knapp 10 Min. ziehen lassen.

3 Den Dill waschen, trockentupfen, abzupfen und klein schneiden. Die Fischsuppe mit Salz und Pfeffer abschmecken und den Dill einstreuen. In vier Suppentassen füllen und gleich servieren.

Dazu: Baguette

Getränk: Kräftiger Weißwein, z. B. Sylvaner aus Franken

Ragout mit Artischocken

(großes Bild, hinten)

Zutaten für 4 Personen
800 g Schweinefilet
1 Zwiebel, 2 Knoblauchzehen
2 Dosen Artischockenherzen (je 400 g Abtropfgewicht)
4 EL Olivenöl, Salz, Pfeffer
1 Zweig Thymian
1 Lorbeerblatt
600 ml Fleischbrühe
1 EL Zitronensaft
400 g grüne Tagliatelle

Zubereitungszeit: ca. 30 Min.
Pro Portion ca. 726 kcal · 58 g E · 16 g F · 79 g K

FEINES FÜR GÄSTE

1 Das Fleisch abspülen, trockentupfen und in 2 cm große Würfel schneiden. Die Zwiebel und den Knoblauch pellen und grob hacken. Die Artischocken abtropfen lassen, die Hälfte davon mit Zwiebel und Knoblauch pürieren.

2 Das Olivenöl in einem Topf stark erhitzen, das Fleisch portionsweise darin anbraten. Mit Salz, Pfeffer und Thymian würzen und das Lorbeerblatt dazugeben.

3 Die Fleischbrühe mit dem Zitronensaft aufgießen. Das Ragout 30 Min. zugedeckt bei mittlerer Hitze garen. Die restlichen Artischocken nach 10 Min. dazugeben.

4 Inzwischen die Tagliatelle nach Packungsanleitung kochen. Das Ragout abschmecken und mit den abgetropften Nudeln anrichten.

Dazu: Blattspinat

Getränk: Kräftiger Rotwein, z. B. Teroldego aus dem Trentino

Pflaumen auf Haselnusscreme

(kleines Bild)

Zutaten für 4 Personen
500 g Pflaumen
1 EL Butter
1 Prise Zimt
1 EL Puderzucker
6 cl Zwetschgenschnaps
500 g Sahnequark
3 EL Honig
100 g gemahlene Haselnüsse
einige Zweige Minze

Zubereitungszeit: ca. 15 Min.
Pro Portion ca. 528 kcal · 18 g E · 32 g F · 29 g K

EINFACH UND SCHNELL

1 Die Pflaumen waschen, halbieren und entsteinen. In einer Pfanne die Butter schmelzen und die Pflaumen darin schwenken. Dabei den Zimt und den Puderzucker darüber stäuben. Mit dem Zwetschgenschnaps beträufeln und zugedeckt 10 Min. bei milder Hitze ziehen lassen.

2 Inzwischen den Sahnequark mit dem Honig und den gemahlenen Haselnüssen gut verrühren. Die Pflaumen vom Herd nehmen und im Saft etwas abkühlen lassen.

3 Die lauwarmen Pflaumen mit der Haselnusscreme in Dessertschalen anrichten und mit dem Saft beträufeln. Mit der Minze garnieren.

Variante
Noch schneller geht es, wenn Sie die Haselnusscreme durch fertige Panna cotta ersetzen. Und es müssen auch nicht unbedingt frische Pflaumen sein – Früchte aus dem Glas schmecken mit diesem Rezept köstlich.

Ablauf

1. Pflaumen dünsten und abkühlen lassen
2. Haselnusscreme zubereiten und kalt stellen
3. Ragout mit Artischocken zubereiten und bei milder Hitze warm halten
4. Fischsuppe zubereiten und servieren
5. Nudelwasser aufsetzen
6. Ragout abschmecken, Nudeln abgießen, servieren

Artischocken-Cremesuppe
(großes Bild, hinten)

Zutaten für 4 Personen
1 Lauchstange (ca. 150 g)
2 EL Butter
2 Dosen Artischockenherzen (je 400 g Abtropfgewicht)
750 ml Gemüsebrühe
150 g Crème fraîche
Salz, Pfeffer
1 TL Zitronensaft
2 Scheiben Toastbrot
2 TL Butter

Zubereitungszeit: ca. 15 Min.
Pro Portion ca. 376 kcal · 7 g E · 23 g F · 16 g K

RAFFINIERT

1 Den Lauch putzen, waschen und in feine Ringe schneiden. Die Butter in einem Topf erhitzen und den Lauch darin andünsten. Die Artischocken abtropfen lassen, grob zerkleinern und mit der Gemüsebrühe zugeben. Aufkochen und zugedeckt 15 Min. köcheln lassen.

2 Ein Drittel des Gemüses herausnehmen. Den Rest mit dem Mixstab fein zerkleinern. Die Crème fraîche unterrühren und mit Salz, Pfeffer und Zitronensaft würzen. Das Brot würfeln und in der restlichen Butter knusprig braten.

3 Das Gemüse wieder zur Suppe geben und darin erwärmen. In Tassen oder Teller füllen und mit den Brotcroûtons bestreuen.

Getränk: Champagner oder Prosecco

Variante
Anstelle von Artischockenherzen können Sie Sellerieherzen, ebenfalls aus der Dose, verwenden.

Filetstreifen mit Champignons
(großes Bild, vorne)

Zutaten für 4 Personen
5 Frühlingszwiebeln
500 g Champignons
4 Rinderfiletsteaks (je ca. 180 g)
4 EL Olivenöl, Salz, Pfeffer
300 ml Tomatensaft
1–2 Spritzer Tabasco
250 g 8-Minuten-Reis

Zubereitungszeit: ca. 40 Min.
Pro Portion ca. 603 kcal · 46 g E · 23 g F · 53 g K

KLASSIKER

1 Die Frühlingszwiebeln putzen, waschen und in schmale Ringe schneiden. Von dem Grün 3 EL beiseite legen. Die Champignons putzen und vierteln. Das Fleisch kalt waschen und in Streifen schneiden.

2 In einer großen Pfanne das Fleisch in 3 Portionen in je 1 EL Olivenöl kräftig anbraten, salzen und pfeffern. Herausnehmen und beiseite stellen.

3 Die Champignons in 1 EL Öl 5 Min. kräftig anbraten. Die Frühlingszwiebeln untermischen. Mit Tomatensaft ablöschen, salzen, pfeffern und knapp 10 Min. schmoren. Das Fleisch samt Saft zugeben und kurz darin erwärmen. Mit Tabasco abschmecken.

4 Den Reis garen. Restliche Frühlingszwiebeln untermischen und mit den Filetstreifen anrichten.

Dazu: Gemischter Blattsalat

Getränk: Rosé, z. B. aus Navarra (Spanien)

Variante
Das Rinderfilet durch Schweinefilet oder Putenbrust ersetzen.

Äpfel in Calvados-Vanille-Sauce
(kleines Bild)

Zutaten für 4 Personen
Butter für die Form
4 mittelgroße Äpfel (gesamt ca. 1 kg)
100 g Rosinen
500 ml Milch
1 Pck. Vanille-Saucenpulver
50 g gemahlene Mandeln
5 EL Zucker
5 EL Calvados
Zimt zum Bestreuen

Zubereitungszeit: ca. 25 Min.
Pro Portion ca. 403 kcal · 8 g E · 12 g F · 58 g K

AUS FRANKREICH

1 Den Backofen auf 200° vorheizen. Eine Gratinform mit Butter ausfetten. Die Äpfel waschen, vierteln und das Kernhaus entfernen. Die Apfelspalten in die Form legen und mit den Rosinen bestreuen.

2 Die Form in den vorgeheizten Backofen (Mitte, Umluft 180°) schieben und 10 Min. garen. Inzwischen 400 ml Milch aufkochen. In der restlichen Milch das Saucenpulver anrühren und in die heiße Milch gießen. Noch einmal kurz aufkochen. Die Mandeln mit dem Zucker und dem Calvados unterrühren.

3 Die Sauce über die Äpfel gießen, mit dem Zimt bestreuen und weitere 10 Min. backen.

Variante
Die Äpfel durch Birnen aus der Dose oder Pflaumen aus dem Glas ersetzen. Dann statt Calvados Birnengeist oder Zwetschgenschnaps nehmen. Wenn Kinder mitessen, können Sie den Alkohol natürlich auch ganz weglassen oder nach Belieben durch Apfelsaft ersetzen.

Ablauf

1. Äpfel vorbereiten
2. Filetstreifen zubereiten und bei milder Hitze warm halten
3. Artischocken-Cremesuppe zubereiten
4. Croûtons rösten und beiseite stellen
5. Suppe auftragen
6. Inzwischen den Reis garen
7. Backofen auf 200° vorheizen
8. Äpfel nach dem Servieren des Hauptgangs in den Backofen schieben

Camembert
in Blätterteig
(großes Bild, vorne)

Zutaten für 4 Personen
200 g TK-Blätterteig
1 Camembert (250 g)
schwarzer Pfeffer
Backpapier
1 Eigelb
2 EL süße Sahne
60 g Preiselbeeren aus dem Glas
2 EL Portwein
4 EL Crème fraîche
Salz, Cayennepfeffer

Zubereitungszeit: ca. 25 Min.
Pro Portion ca. 559 kcal · 14 g E ·
44 g F · 25 g K

RAFFINIERT

1 Den Blätterteig aus der Packung
nehmen und auftauen lassen. Den
Backofen auf 220° vorheizen.

2 Die Blätterteigplatten aufeinander
legen und ca. 3 mm dick ausrollen.
Die Teigplatte in 4 Quadrate schneiden. Den Käse vierteln und je eine
Käseecke auf ein Teigstück setzen.
Mit Pfeffer übermahlen. Den Käse in
die Teigplatten einschlagen, die Näh-
te festdrücken. Auf ein mit Backpapier ausgelegtes Blech setzen.

3 Das Eigelb mit der Sahne verrühren und den Blätterteig damit bestreichen. Im vorgeheizten Backofen
(Mitte, Umluft 200°) in 15 Min. goldbraun backen.

4 Inzwischen die Preiselbeeren mit
dem Portwein und der Crème fraîche
verrühren und mit Salz, Pfeffer und
Cayennepfeffer würzen.

5 Die Käsepäckchen mit der Preisel-
beercreme anrichten und servieren.

Getränk: Roter Portwein

Kalbsleber
mit Orangen
(großes Bild, hinten)

Zutaten für 4 Personen
3 unbehandelte Orangen
1 kleine Zwiebel, 3 EL Butter
2 EL Orangenlikör, 150 g Crème fraîche
Salz, Pfeffer, Cayennepfeffer
4 Portionen Kartoffelpüree
(Fertigprodukt)
1 Bund Petersilie
4 Scheiben Kalbsleber (je ca. 180 g)
2 EL Mehl

Zubereitungszeit: ca. 30 Min.
Pro Portion ca. 751 kcal · 43 g E ·
38 g F · 59 g K

AUS SPANIEN

1 Eine Orange so schälen, dass die
weiße Innenhaut mitentfernt wird,
und die Filets herausschneiden. Die
Orangen auspressen und den Saft
passieren. Falls weniger als 250 ml
anfallen, mit Wasser auffüllen.

2 Die Zwiebel pellen, fein hacken
und in 1 EL Butter andünsten. Mit
dem Orangenlikör ablöschen und
fast ganz einkochen. Orangensaft
und Crème fraîche zugeben und
5 Min. sanft köcheln lassen. Mit
Salz, Pfeffer und Cayennepfeffer
abschmecken. Die Orangenfilets
in der Sauce erwärmen.

3 Das Kartoffelpüree zubereiten.
Die Petersilienblättchen abzupfen,
hacken und unter das Püree heben.

4 Die Leber in Mehl wenden, pfeffern
und in der restlichen Butter auf jeder
Seite 3–5 Min. braten. Salzen und
mit der Orangensauce und dem
Püree anrichten.

Getränk: Leichter Weißwein, z. B. ein
Riesling aus der Wachau

Aprikosenschmarrn
mit Vanilleeis
(kleines Bild)

Zutaten für 4 Personen
200 g Mehl, 300 ml Milch
1 Prise Salz, 1 EL Zucker
1 Päckchen Vanillezucker
3 Eier, 6 EL Butter
1 Packung entsteinte Kuraprikosen
50 g Mandelblättchen
Puderzucker zum Bestäuben
nach Belieben 4 Kugeln Vanilleeis

Zubereitungszeit: ca. 20 Min.
Pro Portion ca. 544 kcal · 17 g E ·
27 g F · 59 g K

AUS ÖSTERREICH

1 Für den Teig das Mehl, die Milch,
Salz, Zucker, Vanillezucker und Eier
mit dem Handrührer zu einem flüssi-
gen Teig verrühren. Die Hälfte der
Butter schmelzen und untermischen.
Den Teig 10 Min. quellen lassen.

2 Inzwischen die Kuraprikosen in
Streifen schneiden und mit den Mandeln untermischen.

3 In einer beschichteten Pfanne die
restliche Butter erhitzen, den Teig
hineingeben und etwa 5 Min.
backen. Dann mit zwei Gabeln zer-
reißen und ca. 5 Min. weiterbacken.

4 Den Aprikosenschmarrn im
Backofen bei 100° warm stellen oder
gleich auf vier Tellern verteilen. Mit
Puderzucker bestäuben und nach
Belieben mit Vanilleeis servieren.

Variante
Die Aprikosen können durch Kurpflaumen ersetzt werden. Wer es
»beschwipst« mag, kann die Früchte
nach Belieben mit 2 EL Schnaps
(Aprikosen- oder Pflaumenschnaps,
Obstler oder Cognac) beträufeln.

Ablauf

1. Blätterteig auftauen lassen
2. Backofen auf 220° vorheizen
3. Sauce für die Leber und Kartoffelpüree zubereiten und bei milder Hitze warm halten
4. Teig für den Aprikosenschmarrn zubereiten
5. Camembert fertig stellen und im Ofen backen
6. Aprikosenschmarrn zubereiten und nach dem Servieren der Vorspeise warm stellen

Salat mit Käse und Kirschtomaten

(großes Bild, vorne)

Zutaten für 4 Personen
1 Beutel Mischsalat (200 g)
250 g Kirschtomaten
200 g Emmentaler
4 EL Olivenöl
2 EL Essig
1 TL süßer Senf
Salz, Pfeffer
1 Knoblauchzehe

Zubereitungszeit: ca. 10 Min.
Pro Portion ca. 429 kcal · 19 g E ·
30 g F · 22 g K

VITAMINREICH

1 Den Mischsalat in ein Sieb geben, gründlich abbrausen und abtropfen lassen. Die Kirschtomaten waschen und halbieren. Den Emmentaler entrinden und in kleine Würfel schneiden. Mit den Tomaten und dem Salat in eine Schüssel geben.

2 Das Olivenöl mit dem Essig, dem süßen Senf, Salz und Pfeffer in einen Rührbecher geben und mit dem Mixstab zu einem cremigen Dressing aufschlagen. Den Knoblauch pellen und dazupressen.

3 Das Dressing über die Salatzutaten gießen und gut miteinander vermischen.

Dazu: Bauernbrot mit Butter

Getränk: Bier

Hähnchenschenkel mit Kichererbsen

(großes Bild, hinten)

Zutaten für 4 Personen
4 Hähnchenschenkel, 1 Zwiebel
2 Knoblauchzehen
2 Dosen Kichererbsen (400 g Abtropfgewicht) oder Kidney-Bohnen
3 EL Olivenöl, Salz, Pfeffer
1 TL Rosenpaprika
1 Dose Tomaten (400 g Einwaage)
1 Glas gehäutete Paprikaschoten (400 g Abtropfgewicht)
1 Lorbeerblatt
je 1 Zweig Thymian und Rosmarin

Zubereitungszeit: ca. 35 Min.
Pro Portion ca. 513 kcal · 39 g E ·
25 g F · 33 g K

PREISWERT

1 Die Hähnchenschenkel kalt abwaschen, trockentupfen. Zwiebel und Knoblauch pellen und fein hacken. Die Kichererbsen gründlich abtropfen lassen.

2 Das Olivenöl in einem Bräter erhitzen. Die Hähnchenschenkel darin rundum 10 Min. kräftig anbraten. Mit Salz, Pfeffer und Paprikapulver würzen und herausnehmen. Zwiebel und Knoblauch zufügen und andünsten.

3 Tomaten samt Saft dazugeben und mit einer Gabel zerdrücken. Paprikaschoten zugeben und grob zerschneiden. Kichererbsen untermischen und mit Salz, Pfeffer, Lorbeerblatt, Thymian und Rosmarin würzen. Die Hähnchenschenkel darauf legen.

4 Alles zugedeckt 20 Min. schmoren. Mit dem Gemüse anrichten.

Dazu: Bratkartoffeln (Fertigprodukt)

Getränk: Kräftiger Rotwein, z. B. Rioja

Birnentarte mit Haselnüssen

(kleines Bild)

Zutaten für 1 Pieform mit 22 cm Ø
300 g TK-Blätterteig
1 Dose Birnen (800 g Abtropfgewicht)
Fett für die Form
Mehl für die Arbeitsfläche
50 g gemahlene Haselnüsse
3 Eigelbe
1 Prise Zimt
150 g Crème fraîche

Zubereitungszeit: ca. 40 Min.
Pro Portion ca. 738 kcal · 9 g E ·
49 g F · 64 g K

GANZ EINFACH

1 Die Blätterteigplatten auftauen lassen. Den Backofen auf 220° vorheizen. Die Birnen in einem Sieb gut abtropfen lassen.

2 Eine Pieform einfetten. Die Teigplatten aufeinander legen und auf einer bemehlten Arbeitsfläche in Größe der Pieform dünn ausrollen. Die Form damit auslegen und einen Rand formen.

3 Die Birnen mit der Schnittfläche nach unten auf den Teig legen. Die Haselnüsse mit den Eigelben, dem Zimt und der Crème fraîche gut verrühren und über die Birnen gießen.

4 Im vorgeheizten Backofen (Mitte, Umluft 200°) 25–30 Min. backen. Herausnehmen und etwas abkühlen lassen. Lauwarm servieren.

Dazu: Schlagsahne oder/und Eis

Variante
Statt der Birnen 500 g Äpfel schälen, vierteln, vom Kernhaus befreien und mit dem Gurkenhobel in ganz dünne Scheiben hobeln. Wie oben beschrieben weiterverarbeiten.

Ablauf

1. Blätterteig auftauen lassen
2. Hähnchenschenkel auf Kichererbsen schmoren
3. Backofen auf 220° vorheizen
4. Birnentarte zubereiten, aber noch nicht in den Ofen schieben
5. Vorspeisen-Salat zubereiten
6. Nach dem Servieren der Vorspeise die Birnentarte backen

Kürbissuppe mit Orange
(großes Bild, vorne)

Zutaten für 4 Personen
1 kg Muskat- oder Hokkaidokürbis
1 kleine Zwiebel
2 EL Butter
750 ml Gemüsebrühe
4 EL Crème fraîche
1 große Orange
Salz, Pfeffer
1 Msp. Cayennepfeffer
einige Petersilienzweige

Zubereitungszeit: ca. 45 Min.
Pro Portion ca. 208 kcal · 3 g E ·
13 g F · 18 g K

GUT VORZUBEREITEN

1 Die Kürbiskerne entfernen, das Kürbisfleisch grob würfeln. Die Zwiebel pellen, grob hacken und mit den Kürbiswürfeln in der heißen Butter andünsten.

2 Mit der Brühe aufgießen, aufkochen und 15 Min. bei mittlerer Hitze zugedeckt köcheln lassen, bis der Kürbis weich ist.

3 Den Kürbis pürieren, die Crème fraîche unterrühren, aufkochen und weitere 5 Min. köcheln. Die Orange auspressen, den Saft unterrühren und die Suppe mit Salz, Pfeffer und Cayennepfeffer würzen.

4 Die Petersilie waschen, die Blättchen abzupfen. Die Kürbissuppe mit einigen Petersilienblättchen anrichten. Nach Belieben mit Orangenzesten garnieren.

Dazu: Baguette mit Kräuterbutter (Fertigprodukt)

Getränk: Cidre

Rotbarsch auf Chicorée
(großes Bild, hinten)

Zutaten für 4 Personen
250 g 8-Minuten-Reis, 2 TL Curry
Salz, 1 Zwiebel
500 g Chicorée
4 Portionen Rotbarschfilet (je ca. 200 g), Kablejau oder Scholle
5 EL Butter
300 ml Gemüsebrühe
5 EL Zitronensaft
Pfeffer, 1 Prise Zucker

Zubereitungszeit: ca. 15 Min.
Pro Portion ca. 558 kcal · 42 g E ·
19 g F · 54 g K

ZART UND WÜRZIG

1 Reis mit Curry in reichlich Salzwasser geben und 8 Min. garen. Abgießen und warm stellen.

2 Die Zwiebel pellen und fein hacken. Den Chicorée putzen, waschen, halbieren und den Strunk entfernen. Den Fisch waschen.

3 Die Zwiebel und den Chicorée in 2 EL Butter 5 Min. andünsten. Die Gemüsebrühe und den Zitronensaft zugießen und 10 Min. garen. Mit Salz, Pfeffer und Zucker würzen.

4 Die restliche Butter in einer Pfanne erhitzen, den Fisch darin 6–8 Min. braten, dabei vorsichtig wenden. Salzen und pfeffern. Den Chicorée samt Sauce mit dem Fischfilet und dem Curryreis anrichten.

Getränk: Kräftiger Weißwein, z. B. Rheinriesling

Variante
Edler wird das Gericht, wenn Sie den Curry durch Safran ersetzen. Dann nehmen Sie allerdings nur eine Messerspitze des kostbaren Gewürzes.

Frische Feigen in Blätterteig
(kleines Bild)

Zutaten für 4 Personen
200 g TK-Blätterteig
4 frische Feigen
Mehl für die Arbeitsfläche
1 Eigelb
2 EL süße Sahne
4 Zweige frische Minze

Zubereitungszeit: ca. 30 Min.
Pro Portion ca. 241 kcal · 4 g E ·
17 g F · 19 g K

RAFFINIERT

1 Den Blätterteig aus der Packung nehmen, die Teigplatten nebeneinander legen und auftauen lassen. Inzwischen die Feigen kurz waschen und mit Küchenpapier abtupfen.

2 Den Backofen auf 200° vorheizen. Die Teigplatten aufeinander legen und auf einer bemehlten Fläche messerrückendick ausrollen. In 4 Quadrate schneiden und in die Mitte jeweils eine Feige setzen.

3 Den Teig um die Feigen herum hochschlagen und die Enden oben zusammendrehen. Die Feigen auf ein mit Backpapier ausgelegtes Blech setzen. Das Eigelb mit der Sahne verrühren und den Teig damit einpinseln.

4 Die Feigen ca. 15 Min. (Mitte, Umluft 180°) backen. Aus dem Backofen nehmen und mit den Minzeblättchen garnieren.

Dazu: Vanillesauce (Fertigprodukt)

Variante
Kleine Äpfel oder Birnen können anstelle der Feigen verwendet werden, nachdem mit einem Kernausstecher das Kernhaus entfernt wurde.

Ablauf

1. Blätterteig auftauen lassen
2. Kürbissuppe zubereiten
3. Reis und Gemüse für den Fisch vorbereiten
4. Kürbissuppe pürieren und fertig stellen
5. Feigen in den Blätterteig packen
6. Rotbarsch nach dem Servieren der
   Kürbissuppe fertig stellen
7. Backofen auf 200° vorheizen
8. Nach dem Servieren des Hauptgangs
   Feigen in den Ofen schieben

Rote-Bete-Carpaccio

(großes Bild, hinten)

Zutaten für 4 Personen
500 g Rote Bete (gekocht, geschält und vakuumverpackt)
400 g Roastbeef in Scheiben
2 EL Essig, Salz
1 TL süßer Senf
6 EL Olivenöl, Pfeffer
1 Kästchen Radieschenkresse, ersatzweise Kresse
75 g Alfalfasprossen
4 Scheiben Toastbrot
4 EL Butter

Zubereitungszeit: ca. 15 Min.
Pro Portion ca. 433 kcal · 26 g E · 29 g F · 17 g K

VITAMINREICH

1 Die Rote Bete in dünne Scheiben schneiden und mit dem Roastbeef auf vier Tellern anrichten.

2 Den Essig mit dem Salz und dem Senf in einem Rührbecher aufschlagen und das Olivenöl langsam dazufließen lassen. Mit Pfeffer kräftig abschmecken.

3 Kresse abschneiden. Die Hälfte davon unter das Dressing mischen. Auf dem Carpaccio verteilen und kurz durchziehen lassen. Die Sprossen daneben anrichten.

4 Den Toast rösten und mit Butter bestreichen. Mit der Radieschenkresse bestreuen und mit dem Carpaccio servieren.

Getränk: Rosé aus Spanien

Variante
Die Kresse kann durch Schnittlauch, die Alfalfasprossen durch jede andere Sprossensorte ersetzt werden.

Kabeljau in Cidre-Sauce

(großes Bild, vorne)

Zutaten für 4 Personen
4 Kabeljaukoteletts (je ca. 200 g)
4 EL Zitronensaft, Salz
100 g Frühstücksspeck in Scheiben
1 mittelgroße Zwiebel
6 EL Mehl
4 EL Öl
Pfeffer
4 Portionen Kartoffelpüree (Fertigprodukt)
250 ml Cidre oder Apfelwein

Zubereitungszeit: ca. 15 Min.
Pro Portion ca. 711 kcal · 44 g E · 33 g F · 58 g K

GANZ EINFACH

1 Den Kabeljau kalt abspülen und trockentupfen. Mit Zitronensaft beträufeln und leicht salzen. Den Speck in schmale Streifen schneiden. Die Zwiebel pellen und in feine Ringe schneiden.

2 Den Fisch im Mehl wenden, überschüssiges Mehl abschütteln. Das Öl in einer Pfanne erhitzen und den Kabeljau etwa 8 Min. braten, dabei einmal wenden. Leicht pfeffern und im vorgeheizten Backofen bei 100° zugedeckt warm stellen.

3 Das Kartoffelpüree zubereiten. Speckstreifen und Zwiebelringe im verbliebenen Öl etwa 5 Min. dünsten. Mit Apfelwein ablöschen, um etwa ein Drittel einkochen und mit Pfeffer abschmecken.

4 Den Kabeljau mit dem Püree und der Sauce anrichten.

Getränk: Auch hier gilt – am besten den gleichen Wein zum Essen trinken, der auch zum Kochen verwendet wurde, also Cidre oder Apfelwein.

Nougatcreme auf warmen Kirschen

(kleines Bild)

Zutaten für 4 Personen
250 g Nuss-Nougat-Creme
400 g Doppelrahm-Frischkäse
2 EL süße Sahne
3 EL Cognac
1 Glas Kirschen (750 g Abtropfgewicht)
Zartbitter-Schokoladen-Späne zum Garnieren

Zubereitungszeit: ca. 15 Min.
Pro Portion ca. 804 kcal · 11 g E · 48 g F · 76 g K

FEIN UND CREMIG

1 Die Nuss-Nougat-Creme mit dem Frischkäse, der Sahne und dem Cognac verrühren und kalt stellen.

2 Die Kirschen abtropfen lassen. Den Saft auffangen und offen bei mittlerer Hitze um gut die Hälfte reduzieren. Die Kirschen darin erwärmen. Den Topf vom Herd nehmen.

3 Von der Nougatcreme mit einem Esslöffel, den man vor jedem Abstechen in kaltes Wasser taucht, Nocken abstechen und auf vier Teller setzen. Die warmen Kirschen daneben anrichten und mit den Schokoladenspänen garnieren.

Dazu: Nusshippen

Variante
Anstelle der Kirschen können Sie auch Pflaumen – frisch oder aus dem Glas – verwenden.

Tipp
Die Nougatcreme hält sich im Kühlschrank gut. Die Nocken dann kurz vor dem Servieren abstechen.

Ablauf

1. Nougatcreme zubereiten und kalt stellen
2. Kirschen zubereiten und bei milder Hitze warm halten
3. Backofen auf 100° vorheizen
4. Rote-Bete-Carpaccio zubereiten und kalt stellen
5. Kabeljau zubereiten und warm stellen
6. Kartoffelpüree zubereiten und bei milder Hitze warm halten

Farfalle mit Austernpilzen

(großes Bild, links)

Zutaten für 4 Personen
250 g Austernpilze
2 EL Olivenöl
1 kleine Zwiebel
2 Knoblauchzehen
200 g süße Sahne
Salz, Pfeffer
1 TL getrockneter Thymian
400 g Farfalle
etwas Zitronensaft
1 Kästchen Kresse
50 g frisch geriebener Parmesan

Zubereitungszeit: ca. 25 Min.
Pro Portion ca. 635 kcal · 21 g E ·
26 g F · 80 g K

MACHT SATT

1 Die Pilze putzen, abbrausen, abtropfen lassen und in Streifen schneiden. Das Olivenöl in einer Pfanne erhitzen und die Pilze darin 5 Min. kräftig anbraten.

2 Die Zwiebel und den Knoblauch pellen und fein hacken. Zu den Pilzen geben und glasig dünsten. Die Sahne angießen und aufkochen, mit Salz, Pfeffer und Thymian würzen und zugedeckt ca. 10 Min. köcheln lassen.

3 Die Farfalle in kochendem Salzwasser in ca. 8 Min. »al dente« kochen. Die Austernpilze nochmals mit Salz, Pfeffer und Zitronensaft abschmecken. Die Kresse abbrausen, die Blättchen über den Pilzen abschneiden und untermischen.

4 Die Nudeln abtropfen lassen und mit den Pilzen mischen. Auf vier Tellern anrichten und den Parmesan dazu reichen.

Getränk: Leichter Rotwein, z. B. Chianti

Lachskoteletts auf Safran-Kürbis

(großes Bild, rechts)

Zutaten für 4 Personen
2 Gläser eingelegter Kürbis (je 355 g Abtropfgewicht)
5 Frühlingszwiebeln
5 EL Butter
100 g Crème fraîche
Salz, Pfeffer, 1 Prise Safran
4 Lachskoteletts (je ca. 200 g)
Zitronensaft zum Beträufeln
Fett für die Form
300 g 8-Minuten-Reis

Zubereitungszeit: ca. 25 Min.
Pro Portion ca. 922 kcal · 48 g E ·
51 g F · 69 g K

RAFFINIERT

1 Den Kürbis gut abtropfen lassen, den Saft auffangen. Die Frühlingszwiebeln putzen, waschen und in schmale Ringe schneiden.

2 Den Backofen auf 200° vorheizen. In einer Pfanne 1 EL Butter erhitzen und die Frühlingszwiebeln darin andünsten. Den Kürbis zugeben und mitdünsten. 100 ml Kürbissaft und die Crème fraîche unterrühren und 5 Min. köcheln. Mit Salz, Pfeffer und Safran würzen.

3 Den Lachs kalt abspülen, trockentupfen, mit Zitronensaft beträufeln, salzen und pfeffern. Eine Gratinform einfetten, den Kürbis darin verteilen und den Lachs darauf setzen.

4 Die restliche Butter als Flocken darauf verteilen und den Lachs im Backofen (Mitte, Umluft 180°) ca. 15 Min. garen. Inzwischen den Reis garen. Mit dem Lachs und dem Kürbis auf vier Tellern anrichten.

Getränk: Trockener Chardonnay aus Kalifornien

Apfelrosetten mit Mascarponecreme

(kleines Bild)

Zutaten für 4 Personen
500 g Mascarpone
2 EL Puderzucker
6 EL Calvados
50 g gehackte Pistazien
4 rote Äpfel, z. B. Elstar oder Gala (je ca. 250 g)
4 EL Zitronensaft
80 g Akazienhonig

Zubereitungszeit: ca. 15 Min.
Pro Portion ca. 889 kcal · 9 g E ·
67 g F · 50 g K

FESTLICH

1 Den Mascarpone mit dem Puderzucker, dem Calvados und der Hälfte der Pistazien cremig rühren und kalt stellen.

2 Die Äpfel waschen, abtrocknen, vierteln und das Kernhaus herausschneiden. In schmale Schnitze schneiden und mit Zitronensaft beträufeln, damit sich das Fruchtfleisch nicht verfärbt.

3 Die Apfelschnitze als Rosetten auf vier Teller legen. Jeweils einen großen Klacks Mascarpone-Calvados-Creme auf die Mitte setzen. Den Honig vor dem Servieren darüber träufeln und mit den restlichen Pistazien bestreuen.

Variante
Wer es ganz und gar cremig mag, kann die Äpfel in Form von Apfelmus (großes Glas, 720 ml) unter die Mascarponecreme rühren und in Dessertschälchen anrichten. Mit dem Honig beträufeln und mit den Pistazien bestreuen.

Ablauf

1. Mascarponecreme zubereiten und kalt stellen
2. Austernpilzsauce zubereiten und bei milder Hitze warm halten
3. Nudelwasser aufsetzen
4. Backofen auf 200° vorheizen
5. Kürbis und Reis zubereiten
6. Apfelrosetten vorbereiten und kalt stellen
7. Nudeln kochen und mit den Pilzen mischen
8. Nach dem Servieren der Nudeln den Lachs fertig stellen

Chinakohlsalat mit Schinken
(großes Bild, hinten)

Zutaten für 4 Personen
1 kleiner Chinakohl (ca. 350 g)
1 große Möhre
150 g Joghurt
1 EL mittelscharfer Senf
Salz, Pfeffer
1 Prise Zucker
1 EL Essig
2 EL Öl
300 g Schwarzwälder Schinken in dünnen Scheiben
1 Kästchen Kresse

Zubereitungszeit: ca. 10 Min.
Pro Portion ca. 367 kcal · 15 g E · 32 g F · 4 g K

GELINGT LEICHT

1 Den Chinakohl putzen, längs halbieren und in feine Streifen schneiden. Waschen und gut abtropfen lassen. Die Möhre schälen und klein würfeln.

2 In einer großen Salatschüssel den Joghurt mit dem Senf, Salz, Pfeffer, Zucker, Essig und Öl mit einem Schneebesen zu einem sämigen Dressing aufschlagen.

3 Den Schinken locker auf vier Tellern verteilen. Den Chinakohl und die Möhrenwürfel in dem Dressing wenden und anschließend neben dem Schinken anrichten. Die Kresse abbrausen und mit Küchenpapier abtupfen. Die Kresseblättchen mit einer Küchenschere über den Tellern abschneiden.

Dazu: Sesamfladen

Getränk: Bier

Miesmuscheln in Paprikasauce
(großes Bild, vorne)

Zutaten für 4 Personen
1 mittelgroße Zwiebel
3 Knoblauchzehen
4 EL Olivenöl
2 Päckchen TK-Suppengrün
1 Glas gehäutete Paprikaschoten (400 g Abtropfgewicht)
200 ml trockener Weißwein
1 Dose Tomaten (400 g Einwaage)
Salz, Pfeffer
$1/2$ TL getrockneter Oregano
1 Prise Paprikapulver
2 kg frische Miesmuscheln

Zubereitungszeit: ca. 20 Min.
Pro Portion ca. 425 kcal · 14 g E · 20 g F · 38 g K

AUS FRANKREICH

1 Die Zwiebel und den Knoblauch pellen und fein hacken. Das Öl erhitzen, Zwiebel, Knoblauch und Suppengrün darin andünsten. Die Paprikaschoten in Streifen schneiden.

2 Den Weißwein mit den Tomaten samt Saft in den Topf geben und mit einer Gabel zerdrücken. Die Paprikastreifen untermischen. Mit Salz, Pfeffer, Oregano und Paprikapulver würzen und 10 Min. köcheln lassen.

3 Die Muscheln unter fließendem Wasser gründlich abbürsten und die »Bärte« entfernen. Schon geöffnete Exemplare aussortieren und wegwerfen. Die Muscheln in den Topf geben und zugedeckt etwa 10 Min. garen. Mit dem Gemüse anrichten. Nicht geöffnete Muscheln wegwerfen.

Dazu: Knoblauch-Baguette (Fertigprodukt)

Getränk: Frischer Weißwein, z. B. Edelzwicker aus dem Elsass

Zwetschgen mit Zimtstreuseln
(kleines Bild)

Zutaten für 4 Personen
750 g Zwetschgen
Fett für die Form
125 g fein gemahlene Mandeln
100 g Zucker
1 TL Zimt
100 g Butter
Schlagsahne nach Belieben
1 Pck. Bourbon-Vanillezucker

Zubereitungszeit: ca. 25 Min.
Pro Portion ca. 594 kcal · 8 g E · 40 g F · 52 g K

AROMATISCH

1 Den Backofen auf 200° vorheizen. Die Zwetschgen waschen, abtrocknen, längs aufschneiden und die Steine entfernen. Die Portionsförmchen einfetten und die Zwetschgen mit der Schnittfläche nach oben in die Förmchen legen.

2 Die gemahlenen Mandeln mit dem Zucker, dem Zimt und der Butter verkneten. Mit den Händen zu Streuseln verreiben und gleichmäßig auf den Zwetschgen verteilen.

3 Im vorgeheizten Backofen (Mitte, Umluft 180°) 15–20 Min. backen, bis die Streusel goldbraun sind. Inzwischen die Sahne mit dem Vanillezucker steif schlagen.

4 Die Streuselzwetschgen in den Förmchen zu Tisch bringen und die Vanillesahne dazu reichen.

Variante
Anstelle der Zwetschgen können Sie auch Heidelbeeren, Kirschen oder eine Mischung aus verschiedenen Beerensorten verwenden.

Ablauf

1. Sauce für die Muscheln zubereiten und warm halten
2. Muscheln gründlich waschen und beiseite stellen
3. Chinakohl zubereiten und im Dressing kurz ziehen lassen
4. Backofen auf 200° vorheizen
5. Zwetschgen vorbereiten
6. Muscheln in der Sauce garen
7. Nach dem Servieren der Muscheln die Zwetschgen in den Ofen stellen

Fenchelsalat mit rosa Grapefruit

(großes Bild, links)

Zutaten für 4 Personen
1 kg Fenchel
2 EL Olivenöl
Salz, Pfeffer
250 ml Gemüsebrühe
2 EL Zitronensaft
2 rosa Grapefruits
nach Belieben 16 Kapernfrüchte

Zubereitungszeit: ca. 15 Min.
Pro Portion ca. 132 kcal · 6 g E ·
6 g F · 13 g K

FRUCHTIG-FRISCH

1 Den Fenchel waschen, putzen, das Fenchelgrün abschneiden und beiseite legen. Die Knollen längs in Scheiben schneiden.

2 Das Olivenöl in einer Pfanne erhitzen und den Fenchel darin 5 Min. dünsten. Salzen und pfeffern. Mit der Gemüsebrühe aufgießen und zugedeckt 5 Min. bei milder Hitze köcheln. Vom Herd nehmen, den Zitronensaft darüber träufeln.

3 Die Grapefruits so schälen, dass die weiße Innenhaut mitentfernt wird. Die Filets mit einem scharfen Messer herausschneiden.

4 Den Fenchel mit den Grapefruitfilets auf Tellern anrichten und mit dem Sud beträufeln. Das Fenchelgrün fein hacken und darüber geben. Mit Kapernfrüchten garnieren.

Dazu: Ciabatta oder Baguette

Getränk: Prosecco

Variante
Anstelle der Grapefruitfilets oder zusätzlich können Sie 200 g Grönland-Garnelen auf dem Fenchel verteilen

Gorgonzola-Nocken auf Tomaten

(großes Bild, rechts)

Zutaten für 4 Personen
400 g Gorgonzola
150 g Semmelbrösel, 3 Eier
Salz, Pfeffer
1 Msp. Chilipulver
1 Zwiebel
1 EL Butter
1 Dose Tomaten (400 g Einwaage)
1 Bund Basilikum
$^1/_2$ l Öl zum Frittieren

Zubereitungszeit: ca. 20 Min.
Pro Portion ca. 640 kcal · 31 g E ·
44 g F · 30 g K

VEGETARISCH

1 Den Gorgonzola zerdrücken, Semmelbrösel und Eier zugeben und zu einer geschmeidigen Masse vermischen. Mit Salz, Pfeffer und Chilipulver würzen und zugedeckt 10 Min. ziehen lassen.

2 Die Zwiebel pellen, fein hacken und in der Butter andünsten. Die Tomaten samt Saft zugeben und zerdrücken. Zugedeckt 10 Min. dünsten. Salzen und pfeffern.

3 Basilikum waschen und abzupfen. Einige Blättchen beiseite legen, den Rest fein hacken. 2 TL Basilikum unter die Käsemasse mischen, den Rest in die Sauce geben.

4 Das Öl erhitzen. Von dem Teig mit einem Esslöffel Nocken formen und in dem heißen Öl in 3–5 Min. goldbraun frittieren. Kurz abtropfen lassen. Mit der Tomatensauce und den Basilikumblättchen anrichten.

Dazu: Toskanabrot

Getränk: Kräftiger Rotwein, z. B. Vino nobile de Montepulciano.

Bananen in der Folie

(kleines Bild)

Zutaten für 4 Personen
4 reife Bananen
4 EL Zitronensaft
1 kleines Glas Aprikosen
(400 g Abtropfgewicht)
4 EL Orangenlikör
4 EL Kokosflocken

Zubereitungszeit: ca. 20 Min.
Pro Portion ca. 235 kcal · 2 g E ·
4 g F · 41 g K

GANZ EINFACH

1 Den Backofen auf 180° vorheizen. 4 Stücke Alufolie mit der glänzenden Seite nach oben auf eine Arbeitsfläche legen.

2 Die Bananen schälen, schräg in 4 Stücke schneiden und auf der Alufolie verteilen. Mit dem Zitronensaft beträufeln.

3 Die Aprikosen abgießen und in einem Sieb kurz abtropfen lassen. Dann grob zerschneiden und anteilig auf den Bananen verteilen. Mit dem Orangenlikör beträufeln und mit den Kokosflocken bestreuen.

4 Die Bananen locker in die Alufolie packen und die Nahtstellen gut zusammendrücken. Die Bananenpäckchen auf ein Blech setzen und im vorgeheizten Backofen (Mitte, Heißluft 160°) 15 Min. garen.

5 Die Alupäckchen öffnen und das Obst auf Tellern anrichten. Nach Belieben nochmals mit Kokosflocken bestreuen.

Dazu: Nach Belieben 150 g Crème double leicht aufschlagen und dazu reichen.

Ablauf

1. Gorgonzola-Nocken vorbereiten und ziehen lassen
2. Tomatensauce zubereiten und dünsten
3. Fenchelsalat zubereiten und kalt stellen
4. Bananen vorbereiten und in Folie packen
5. Vorspeise servieren
6. Backofen auf 180° vorheizen
7. Nach dem Abservieren der Vorspeise die Gorgonzola-Nocken frittieren
8. Nach dem Servieren des Hauptgerichts die Bananen in den Backofen schieben

Maiscremesuppe mit Oliven
(großes Bild, vorne)

Zutaten für 4 Personen
1 mittelgroße Zwiebel
1 EL Butter
2 Dosen Mais (je 285 g Abtropfgewicht)
750 ml Gemüsebrühe
100 g süße Sahne, Salz, Pfeffer
1 Prise edelsüßes Paprikapulver
1 TL Zitronensaft
50 g entsteinte schwarze Oliven

Zubereitungszeit: ca. 15 Min.
Pro Portion ca. 308 kcal · 5 g E ·
15 g F · 36 g K

PREISWERT

1 Die Zwiebel pellen, fein hacken
und in der Butter andünsten.

2 Den Mais abtropfen lassen. Ein
Drittel der Maiskörner beiseite stellen, den Rest zur Zwiebel geben und
mit der Gemüsebrühe aufgießen.
Aufkochen und zugedeckt bei schwacher Hitze 10 Min. köcheln lassen.

3 Die Suppe pürieren. Die Sahne unterrühren und aufkochen. Den restlichen Mais zugeben und kurz erwärmen. Mit Salz, Pfeffer, Paprika und
Zitronensaft abschmecken.

4 Die Oliven grob hacken und über
die angerichtete Suppe streuen.

Dazu: Tortilla-Chips

Getränk: Bier

Variante
Wenn Sie die Suppe herzhafter mögen, können Sie zusammen mit den
Zwiebeln klein gewürfelten Speck
oder Kasseler anbraten. Köstlich: zusätzlich mit fein gehacktem Koriandergrün bestreuen.

Käsegratin mit Baguette
(großes Bild, hinten)

Zutaten für 4 Personen
2 Zwiebeln, 2 EL Butter
1 Bund Petersilie
500 g Baguette vom Vortag
250 ml Gemüsebrühe
Salz, Pfeffer
200 g Emmentaler in Scheiben
100 g Sahne-Gorgonzola
200 g süße Sahne, 4 Eier

Zubereitungszeit: ca. 30 Min.
Pro Portion ca. 904 kcal · 38 g E ·
51 g F · 74 g K

DEFTIG

1 Die Zwiebeln pellen, fein hacken
und in 1 EL Butter weich dünsten. Die
Petersilie waschen, abzupfen und
fein hacken. Zur Zwiebel geben und
kurz mitdünsten.

2 Den Backofen auf 200° vorheizen.
Eine Auflaufform mit der restlichen
Butter einfetten. Das Baguette
schräg in etwa 1 cm dicke Scheiben
schneiden. Jede Scheibe mit etwas
Gemüsebrühe beträufeln und die
Zwiebel-Petersilien-Mischung darauf
verteilen. Salzen und pfeffern. Ab-
wechselnd den Emmentaler und das
Baguette in die Form schichten.

3 Den Gorgonzola mit einer Gabel
zerdrücken. Die Sahne mit den Eiern
dazugeben und gut verquirlen.
Gleichmäßig über das Brot gießen.

4 Das Gratin im vorgeheizten
Backofen (Mitte, Umluft 180°) in
20 Min. goldgelb überbacken.

Dazu: Kirschtomatensalat mit
Basilikum

Getränk: Leichter Rosé aus der
Provence

Heidelbeeren auf Walnusscreme
(kleines Bild)

Zutaten für 4 Personen
300 g Heidelbeeren
500 g Sahnequark
4 EL Honig
100 g gehackte Walnüsse
Walnusshälften zum Garnieren

Zubereitungszeit: ca. 10 Min.
Pro Portion ca. 435 kcal · 18 g E ·
30 g F · 22 g K

SAHNIG-FRUCHTIG

1 Die Heidelbeeren in einem Sieb
abbrausen und abtropfen lassen.

2 Den Sahnequark in eine Schüssel
füllen. Den Honig dazugeben und gut
verrühren. Die Walnüsse gründlich
untermischen.

3 Die Hälfte der Walnusscreme in
Gläser füllen, die Hälfte der Heidelbeeren darauf geben, mit der restlichen Walnusscreme bedecken und
mit den übrigen Heidelbeeren bestreuen. Mit Walnusshälften garnieren.

Dazu: Knusprige Waffelröllchen

Variante
Je nach Saison können Sie die
Beeren variieren. In »beerenlosen«
Zeiten gelingt das Rezept aber auch
mit einer TK-Beerenmischung.

Ablauf

1. Heidelbeeren waschen und abtropfen lassen
2. Walnusscreme zubereiten und kalt stellen
3. Maissuppe zubereiten, aber noch nicht pürieren
4. Käsegratin vorbereiten
5. Backofen auf 200° vorheizen
6. Maissuppe pürieren und fertig stellen
7. Käsegratin in den Ofen schieben

Avocadocreme mit Radicchio

(großes Bild, hinten)

Zutaten für 4 Personen
3 reife Avocados
1 Knoblauchzehe
5 Zweige Basilikum
5 EL Zitronensaft
200 g Doppelrahm-Frischkäse
Salz, Pfeffer, 1 Radicchio
2 EL Aceto Balsamico
3 EL Olivenöl

Zubereitungszeit: ca. 10 Min.
Pro Portion ca. 591 kcal · 6 g E ·
61 g F · 4 g K

VEGETARISCH

1 Die Avocados halbieren, vom Stein befreien und das Fruchtfleisch aus den Schalen lösen. Den Knoblauch pellen. Das Basilikum waschen und die Blättchen abzupfen. Einige Blättchen zum Garnieren beiseite legen.

2 Das Avocado-Fruchtfleisch, den Knoblauch, das Basilikum und den Zitronensaft mit dem Frischkäse im Mixer pürieren.

3 Die Creme salzen, pfeffern und kalt stellen. Den Radicchio putzen, vierteln und in Streifen schneiden. Abbrausen und abtropfen lassen.

4 Den Aceto Balsamico mit Salz, Pfeffer und Olivenöl aufschlagen und den Radicchio darin wenden. Mit der Avocadocreme anrichten.

Getränk: Prosecco

Variante (Titelbild)
Für eine exklusive Version die Creme in die Avocadohälften füllen und mit Cocktail-Garnelen, roten Zwiebelringen, Frühlingszwiebeln und Tomatenwürfeln belegen. Mit Rucola- und Petersilienblättchen garnieren.

Gemüsegratin mit Penne

(großes Bild, vorne)

Zutaten für 4 Personen
Salz
400 g Penne
2 EL Olivenöl
600 g italienisches TK-Pfannengemüse
150 g Pesto (Fertigprodukt)
Pfeffer
100 g frisch geriebener Parmesan
300 g süße Sahne, 3 EL Butter

Zubereitungszeit: ca. 30 Min.
Pro Portion ca. 1117 kcal · 36 g E ·
62 g F · 105 g K

GELINGT LEICHT

1 Reichlich Salzwasser aufkochen und die Nudeln darin kochen. In ein Sieb abgießen, kalt abbrausen.

2 Das Olivenöl in einer Pfanne erhitzen und das Gemüse darin 5 Min. dünsten. Den Pesto untermischen, salzen und pfeffern. Den Backofen auf 200° vorheizen.

3 Eine flache Gratinform einfetten. Die Nudeln mit dem Gemüse, der Hälfte des Parmesans und der Sahne mischen und hineinfüllen.

4 Mit Parmesan und Butterflocken bestreuen. Den Auflauf im vorgeheizten Backofen (Mitte, Umluft 180°) 15 Min. gratinieren.

Getränk: Leichter Weißwein, z. B. Riesling aus der Wachau

Variante
Für eine »fleischige« Variante 400 g Putenschnitzel in Streifen schneiden, anbraten und untermischen. Noch schneller geht es mit 250 g fein gewürfeltem gekochtem Schinken.

Schoko-Biskuit-Dessert

(kleines Bild)

Zutaten für 4 Personen
12 Löffelbiskuits
150 ml Milch
1 EL Instant-Kakaopulver
250 g Mascarpone
100 ml Eierlikör
100 g geraspelte Vollmilchschokolade

Zubereitungszeit: ca. 10 Min.
Pro Portion ca. 633 kcal · 9 g E ·
41 g F · 43 g K

FEIN UND CREMIG

1 Die Löffelbiskuits in kleine Stücke brechen. Die Milch erhitzen und das Kakaopulver einrühren. Für die Creme den Mascarpone mit dem Eierlikör gut verrühren.

2 Die Hälfte der Löffelbiskuits in Dessertschalen verteilen und mit einigen Schokoraspeln bestreuen. Nun die Hälfte der Milch gleichmäßig über die Löffelbiskuits in den Gläsern gießen. Die Hälfte der Creme darauf verteilen.

3 Den gleichen Vorgang – Löffelbiskuits, Schokoraspel, Milch, Creme – noch einmal wiederholen und das Dessert zuletzt mit einigen Schokoraspeln garnieren.

Dazu: Salat aus frischen Früchten

Getränk: Eierlikör

Ablauf

1. Nudeln in Salzwasser kochen
2. Schoko-Biskuit-Dessert zubereiten und in Dessertschalen verteilen
3. Avocadocreme zubereiten und kalt stellen
4. Backofen auf 200° vorheizen
5. Gemüsegratin fertig stellen
6. Avocadocreme servieren
7. Gemüsegratin in den Ofen schieben
8. Schoko-Biskuit-Dessert vor dem Servieren mit Schokoraspeln bestreuen

Champignon-Kräuter-Suppe

(großes Bild, hinten)

Zutaten für 4 Personen
1 mittelgroße Zwiebel
1 Knoblauchzehe, 2 EL Butter
500 g Champignons
750 ml Gemüsebrühe
300 g Kräuter-Frischkäse
Salz, Pfeffer, 1 TL Zitronensaft
1 kleiner Bund Schnittlauch

Zubereitungszeit: ca. 15 Min.
Pro Portion ca. 285 kcal · 10 g E ·
24 g F · 7 g K

GANZ EINFACH

1 Die Zwiebel und den Knoblauch
pellen und fein hacken. Die Butter
in einem Topf erhitzen. Zwiebel und
Knoblauch darin bei milder Hitze glasig dünsten.

2 Inzwischen die Champignons putzen, in feine Scheiben schneiden und
in den Topf geben. Bei starker Hitze
5 Min. mitdünsten.

3 Mit der Gemüsebrühe aufgießen,
aufkochen und den Kräuter-Frischkäse einrühren. Weitere 5 Min. köcheln
lassen. Mit Salz, Pfeffer und Zitronensaft abschmecken.

4 Den Schnittlauch waschen und
klein schneiden. Die Champignonsuppe in vier Suppentassen füllen
und mit dem Schnittlauch bestreuen.

Dazu: Bauernbrot

Getränk: Bier

Tipp
Champignons lassen sich übrigens gut
mit einem Eierschneider in Scheiben
schneiden – das spart Zeit!

Ravioli auf Mangold mit Tomatensahne

(großes Bild, vorne)

Zutaten für 4 Personen
450 g TK-Mangold oder Blattspinat
250 g passierte Tomaten
200 g süße Sahne
Salz, Pfeffer
1 Prise edelsüßes Paprikapulver
1 kg frische Ravioli aus dem Kühlregal

Zubereitungszeit: ca. 20 Min.
Pro Portion ca. 375 kcal · 16 g E ·
24 g F · 22 g K

VEGETARISCH

1 Das tiefgekühlte Gemüse in einen
Topf geben und zugedeckt bei mittlerer Hitze ca. 15 Min. auftauen. Dabei
immer wieder umrühren.

2 Die Tomaten mit der Sahne aufkochen und bei sehr milder Hitze knapp
10 Min. köcheln lassen. Mit Salz,
Pfeffer und Paprika würzen.

3 Salzwasser aufkochen und die
Ravioli darin nach Packungsanwei-
sung garen.

4 Das Gemüse mit Salz und Pfeffer
würzen und auf vier Tellern anrichten. Die Ravioli gut abtropfen lassen
und darauf anrichten. Mit der Tomatensahne übergießen.

Getränk: Kräftiger Rotwein, z. B.
Dolcetto d'Asti

Variante
Die Ravioli können durch Tortellini
oder Capeletti ersetzt werden.
Wer gern Gratins isst, kann dieses
Rezept entsprechend abwandeln:
Den zubereiteten Mangold in einer
Auflaufform verteilen, die Ravioli
darauf geben, mit der Sauce über-
gießen und, mit Parmesan bestreut,
bei 200° 15 Min. überbacken.

Kaki-Grieß-Dessert

(kleines Bild)

Zutaten für 4 Personen
3 EL Mandelblättchen
4 reife Kakifrüchte
500 g Grießpudding (Fertigprodukt)

Zubereitungszeit: ca. 10 Min.
Pro Portion ca. 368 kcal · 10 g E ·
7 g F · 66 g K

MIT VIELEN VITAMINEN

1 Die Mandelblättchen in einer beschichteten Pfanne unter Rühren
goldbraun anrösten. Aus der Pfanne
nehmen und beiseite stellen.

2 Die Kakifrüchte schälen, halbieren
und das Fruchtfleisch in Spalten
schneiden.

3 Den Grießpudding in vier Dessertschalen füllen und die Kakispalten
darauf anrichten. Mit den gerösteten
Mandelblättchen bestreuen.

Variante
Wer möchte, kann das Fruchtfleisch
der Kaki auch pürieren und mit 3 EL
Orangenlikör aromatisieren. Das
Püree anstelle der Spalten auf dem
Pudding anrichten.

Tipp
Ideal vorzubereiten – das ist einer der
Pluspunkte dieses Desserts. Den Pudding mit den Kakispalten in Dessertschalen füllen und einige Stunden kalt
stellen. Die gerösteten Mandelblättchen erst kurz vor dem Servieren darüber streuen.

Ablauf

1. Mangold auftauen
2. Kaki-Dessert zubereiten
3. Champignonsuppe zubereiten und bei milder Hitze warm halten
4. Tomatensahne zubereiten
5. Ravioli in Salzwasser garen und bei milder Hitze warm halten
6. Suppe mit dem Schnittlauch bestreut servieren
7. Ravioli auf Mangold fertig stellen

Kaninchenkeulen auf weißen Bohnen

Zutaten für 4 Personen
4 Kaninchenkeulen (gesamt ca. 1,2 kg)
Salz, Pfeffer, 1 Prise Kreuzkümmel
2 EL Öl
1 Dose weiße Bohnen (800 g Abtropfgewicht)
4 Frühlingszwiebeln
1 Dose Tomaten (400 g Einwaage)
1 TL Thymian, 1 Lorbeerblatt
4 Portionen Bratkartoffeln (Fertigprodukt)

Zubereitungszeit: ca. 50 Min.
Pro Portion ca. 794 kcal · 66 g E ·
24 g F · 72 g K

FESTLICH

1 Den Backofen auf 200° vorheizen.
Die Kaninchenkeulen mit Salz, Pfeffer und Kreuzkümmel einreiben. Das
Öl erhitzen und die Kaninchenkeulen
darin 10 Min. kräftig anbraten.

2 Die Bohnen abtropfen lassen. Die
Frühlingszwiebeln putzen, waschen
und in Ringe schneiden. Die Kaninchenkeulen aus dem Bräter nehmen
und beiseite stellen.

3 Die Frühlingszwiebeln im verbliebenen Öl kurz andünsten. Tomaten
samt Saft und Bohnen untermischen.
Mit Salz, Pfeffer und Thymian würzen, das Lorbeerblatt zugeben.

4 Die Kaninchenkeulen auf das
Gemüse legen. Im vorgeheizten
Backofen (Mitte, Umluft 180°)
35–40 Min. zugedeckt garen.

5 Die Bratkartoffeln zubereiten und
mit dem Gemüse und den Kaninchenkeulen anrichten. Nach Belieben
mit Thymian garnieren.

Getränk: Rotwein, z. B. Barbera aus
dem Piemont

Winter

Austernpilz-Risotto mit Pesto
(großes Bild)

Zutaten für 4 Personen

750 ml Gemüsebrühe
1 kleine Zwiebel
6 EL Butter
500 g Austernpilze
300 g Risotto-Reis
150 ml trockener Weißwein
2–3 EL Pesto (Fertigprodukt)
Salz, Pfeffer
50 g frisch geriebener Parmesan
gehobelter Parmesan nach
Belieben

Zubereitungszeit: ca. 15 Min.
Pro Portion ca. 545 kcal · 14 g E ·
23 g F · 65 g K

KLASSIKER

1 Die Gemüsebrühe langsam erhitzen. Die Zwiebel pellen und fein hacken. 2 EL Butter in einem Topf erhitzen und die Zwiebel darin glasig dünsten.

2 Die Austernpilze putzen, kurz waschen und mit Küchenpapier trockentupfen. In Streifen schneiden, zu den Zwiebeln in den Topf geben und 5 Min. bei mittlerer Hitze dünsten.

3 Den Reis dazugeben und kurz andünsten. Mit Weißwein aufgießen und um die Hälfte einkochen. Die heiße Gemüsebrühe nach und nach zugießen, dabei ständig rühren. Den Risotto bei milder Hitze in 15 Min. fertigkochen.

4 Den Pesto unterrühren und den Risotto mit Salz und Pfeffer würzen. Zum Schluss die restliche Butter mit dem Parmesan untermischen. Den Risotto auf vier Tellern verteilen. Mit gehobeltem Parmesan servieren.

Getränk: Leichter Weißwein, z. B. Soave

Tipp
Der Risotto ist als Vorspeise ideal, kann aber auch als Beilage für 6 Personen gereicht werden. Als vegetarisches Hauptgericht mit einem Salat als Beilage werden 2 Personen davon satt.

Gratinierte Sharonfrüchte mit Ricotta
(kleines Bild)

Zutaten für 4 Personen

Fett für die Form
4 große Sharonfrüchte oder Kakis
2 Eiweiße
1 Pck. Vanillezucker
2 EL Puderzucker
50 g gehackte Pistazien
500 g Ricotta oder Sahnequark
2 EL Honig
4 EL Cognac

Zubereitungszeit: ca. 15 Min.
Pro Portion ca. 487 kcal · 19 g E ·
23 g F · 37 g K

VITAMINREICH

1 Den Backofen auf 220° vorheizen. Eine Gratinform einfetten. Die Sharonfrüchte waschen, halbieren und mit der Schnittfläche nach oben in die Form setzen.

2 Die Eiweiße mit dem Vanillezucker und dem Puderzucker zu steifem Schnee schlagen. Die Hälfte der Pistazien untermischen. Einen Klacks Eischnee auf jede Fruchthälfte setzen.

3 Die Form in den vorgeheizten Backofen (Mitte, Umluft 200°) stellen und knapp 10 Min. gratinieren.

4 Inzwischen den Ricotta mit dem Honig und dem Cognac verrühren. Die Sharonfrüchte mit dem Ricotta anrichten und mit Pistazien bestreuen.

Tipp
Um den honigsüßen Geschmack der Sharonfrüchte und Kakis genießen zu können, muss man beim Einkauf auf vollreife Früchte achten. Kaufen Sie nur Exemplare, die durchscheinend aussehen. Reife Früchte bis zum Verzehr im Kühlschrank aufbewahren!

Ablauf

1. Backofen auf 200° vorheizen
2. Kaninchenkeulen vorbereiten und in den Ofen schieben
3. Kakis in eine Gratinform setzen, Ricotta-creme vorbereiten und kalt stellen
4. Risotto zubereiten und warm halten
5. Vor dem Servieren des Hauptgangs den Backofen auf 220° hochschalten
6. Dessert fertig stellen und nach dem Servieren des Hauptgangs in den Ofen schieben

Mangoldsuppe mit gebratenem Speck
(großes Bild, hinten)

Zutaten für 4 Personen
1 kleine Zwiebel
2 EL Butter
400 g TK-Mangold oder -Blattspinat
800 ml Gemüsebrühe
150 g Frühstücksspeck in Scheiben
4 EL Crème fraîche
Salz, Pfeffer
1 Prise frisch geriebene Muskatnuss

Zubereitungszeit: ca. 15 Min.
Pro Portion ca. 374 kcal · 14 g E · 31 g F · 7 g K

RAFFINIERT

1 Die Zwiebel pellen und fein hacken. In einem Topf die Butter erhitzen und die Zwiebel darin glasig dünsten. Den Mangold zugeben, mit der Gemüsebrühe aufgießen und zugedeckt 10 Min. köcheln lassen.

2 Inzwischen den Speck in schmale Streifen schneiden und in einer beschichteten Pfanne ohne Fett knusprig braten. Herausnehmen und auf Küchenpapier warm stellen.

3 Die Suppe mit dem Mixstab pürieren. Die Crème fraîche unterrühren und mit Salz, Pfeffer und Muskatnuss würzen.

4 Die Mangoldsuppe in vier Teller oder Tassen füllen und die Speckstreifen darauf verteilen.

Dazu: Graubrot

Getränk: Kräftiger Weißwein, z.B. aus Franken

Entenbrust auf Sherry-Linsen
(großes Bild, vorne)

Zutaten für 4 Personen
1 Dose Linsen (800 g Abtropfgewicht)
1 Bund Frühlingszwiebeln
1 Apfel
5 EL Öl, 3 EL Tomatenmark
200 g Crème fraîche
100 ml Sherry, Salz, Pfeffer
1 Prise frisch geriebene Muskatnuss
1 Prise gemahlener Zimt
2 Entenbrüste (gesamt ca. 1 kg)
2 EL Essig

Zubereitungszeit: ca. 35 Min.
Pro Portion ca. 1245 kcal · 71 g E · 77 g F · 62 g K

FESTLICH

1 Die Linsen abtropfen lassen. Die Frühlingszwiebeln putzen und in 1 cm große Stücke schneiden. Den Apfel schälen, vierteln, entkernen und würfeln. In einem Topf 1 EL Öl erhitzen, Frühlingszwiebeln darin andünsten. Den Apfel zugeben und kurz mitdünsten.

2 Tomatenmark, Crème fraîche und Sherry unterrühren. Die Linsen zugeben und mit Salz, Pfeffer, Muskat und Zimt würzen. Zugedeckt 5 Min. schmoren.

3 Die Entenbrüste salzen, pfeffern und auf der Hautseite einschneiden.

4 Die Entenbrüste im restlichen Öl auf der Fleischseite knapp 15 Min. bei mittlerer Hitze braten. Wenden und auf der Hautseite in ca. 15 Min. kross braten. In Scheiben schneiden und auf den Linsen anrichten.

Dazu: Schupfnudeln (Fertigprodukt)

Getränk: Kräftiger Rotwein, z. B. Rioja

Gratin mit Karamell-Äpfeln
(kleines Bild)

Zutaten für 4 Personen
150 g Mehl
250 ml Milch
2 EL Mineralwasser
1 Prise Salz, 1 TL Zucker
3 Eier
5 EL Butter
3 mittelgroße Äpfel (gesamt ca. 600 g)
3 EL Zucker
1 Prise gemahlener Zimt
4 EL Calvados oder Apfelsaft
Fett für die Form
Puderzucker zum Bestäuben

Zubereitungszeit: ca. 30 Min.
Pro Portion ca. 447 kcal · 12 g E · 18 g F · 50 g K

AUS FRANKREICH

1 Für den Teig das Mehl mit der Milch, dem Mineralwasser, Salz, Zucker und den Eiern zu einem flüssigen Teig verrühren. 3 EL Butter schmelzen und unterrühren.

2 Den Backofen auf 200° vorheizen. Die Äpfel waschen und mit einem Apfelausstecher das Kernhaus entfernen. Die Äpfel in $1/2$ cm dicke Ringe schneiden.

3 Die restliche Butter in einer Pfanne schmelzen und die Apfelringe darin 5 Min. braten. Dabei mit Zucker und Zimt bestreuen und mit dem Calvados oder Apfelsaft ablöschen.

4 Eine Gratinform einfetten und die Apfelringe samt Sauce darin verteilen. Mit dem Teig übergießen und im vorgeheizten Backofen (Mitte, Umluft 180°) 20 Min. backen. Mit Puderzucker bestäuben und servieren.

Dazu: Vanilleeis

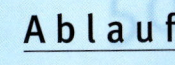

Ablauf

1. Suppe zubereiten, bei milder Hitze warm halten
2. Teig für das Gratin rühren, Äpfel vorbereiten, beides beiseite stellen
3. Linsen zubereiten und warm halten
4. Entenbrust vorbereiten, braten und bei milder Hitze zugedeckt warm halten
5. Nach dem Servieren der Suppe den Backofen auf 200° vorheizen
6. Vor dem Servieren des Hauptgangs das Dessert fertig stellen und in den Backofen schieben

Couscous-Suppe mit Schafskäse

(großes Bild, hinten)

Zutaten für 4 Personen
750 ml Gemüsebrühe
400 g TK-Rahmspinat
100 g Couscous
Salz, Pfeffer
1 EL Zitronensaft
100 g griechischer Schafskäse

Zubereitungszeit: ca. 15 Min.
Pro Portion ca. 234 kcal · 11 g E ·
10 g F · 26 g K

RAFFINIERT

1 Die Gemüsebrühe in einen Topf gießen und aufkochen. Den Rahmspinat dazugeben und 5 Min. zugedeckt köcheln lassen.

2 Den Couscous unterrühren und weitere 10 Min. köcheln, dabei ab und zu umrühren. Die Suppe mit Salz, Pfeffer und Zitronensaft kräftig abschmecken.

3 Den Schafskäse zwischen den Fingern zerkrümeln. Die Suppe abschmecken und, falls nötig, nachwürzen.

4 Die Suppe in vier Teller oder Tassen füllen und mit den Schafskäsekrümeln bestreuen.

Dazu: Warme Sesamfladen

Getränk: Leichter Weißwein, z. B. Demestica aus Griechenland

Tipp
Der Couscous nimmt ziemlich viel Würze auf, sodass Sie bei diesem Gericht durchaus eine Spur stärker als gewöhnlich würzen können.

Schweinefilet mit Schalotten

(großes Bild, vorne)

Zutaten für 4 Personen
750 g Schweinefilet
250 g Schalotten
3 EL Öl, Salz, Pfeffer
1 EL gemahlener Rosmarin
250 ml Rotwein
150 g Crème fraîche
250 g Basmati-Reis oder Langkornreis
3 EL Pinienkerne
2 Frühlingszwiebeln

Zubereitungszeit: ca. 30 Min.
Pro Portion ca. 703 kcal · 47 g E ·
28 g F · 56 g K

FESTLICH

1 Das Filet waschen und trockentupfen. Die Schalotten pellen und vierteln. 2 EL Öl in einem Bräter erhitzen und das Filet rundum anbraten. Mit Salz, Pfeffer und Rosmarin würzen.

2 Die Schalotten zugeben und in 5 Min. glasig dünsten. Mit dem Rotwein ablöschen, aufkochen und die Crème fraîche unterrühren. Zugedeckt 20 Min. schmoren.

3 Den Reis garen. Die Pinienkerne ohne Fett rösten.

4 Das Schweinefilet herausnehmen und zugedeckt beiseite stellen. Die Schalottensauce etwas einkochen lassen, salzen und pfeffern.

5 Die Frühlingszwiebeln putzen, in feine Ringe schneiden und im restlichen Öl kurz anbraten. Mit den Pinienkernen unter den Reis mischen. Das Filet in Scheiben schneiden und mit der Sauce und dem Reis auf vier Tellern anrichten.

Getränk: Kräftiger Rotwein, z. B. Pinotage aus Südafrika

Möhren-Mandel-Dessert

(kleines Bild)

Zutaten für 4 Personen
500 g Möhren
3 EL Butter
400 ml Milch
3 EL Honig
150 g gemahlene Mandeln
50 g Kokosflocken
1 Prise gemahlener Zimt
150 g Rumrosinen

Zubereitungszeit: ca. 20 Min.
Pro Portion ca. 632 kcal · 14 g E ·
37 g F · 62 g K

GUT VORZUBEREITEN

1 Die Möhren schälen und auf einer Gemüsereibe oder in der Küchenmaschine fein raspeln. Die Butter in einem Topf erhitzen und die Möhrenraspel darin 5 Min. bei milder Hitze dünsten.

2 Die Milch dazugießen, den Honig und die gemahlenen Mandeln untermischen. Von den Kokosflocken 1 EL zum Garnieren beiseite legen, den Rest mit dem Zimt zugeben. Alles 10 Min. zugedeckt bei milder Hitze köcheln lassen, dabei ab und zu umrühren. Die Rumrosinen untermischen.

3 Das Möhrendessert in vier Dessertschalen füllen, abkühlen lassen und bis zum Servieren kalt stellen. Kurz vorher mit den restlichen Kokosflocken bestreuen.

Dazu: Schlagsahne

Getränk: Amaretto

Ablauf

1. Wasser für den Reis aufsetzen
2. Möhrendessert zubereiten und kalt stellen
3. Schweinefilet zubereiten und schmoren
4. Reis kochen
5. Couscous-Spinat-Suppe bis auf den Schafskäse zubereiten
6. Reis bei milder Hitze warm halten
7. Schafskäse in die Suppe streuen und servieren
8. Kokosflocken auf das Möhrendessert streuen und servieren

Asiatische Gemüsesuppe
(großes Bild, links)

Zutaten für 4 Personen
50 g Glasnudeln
1 kleine Stange Lauch
100 g Champignons, 1 EL Öl
750 ml Gemüsebrühe
1 EL Sojasauce
2 EL trockener Sherry
Pfeffer
100 g Grönland-Garnelen (geschält und gegart)

Zubereitungszeit: ca. 15 Min.
Pro Portion ca. 120 kcal · 7 g E · 4 g F · 10 g K

AROMATISCH

1 Die Glasnudeln in eine Schüssel geben, mit kochendem Wasser überbrühen und 5 Min. quellen lassen.

2 Den Lauch putzen, waschen und in schmale Ringe schneiden. Die Champignons putzen und blättrig schneiden. Das Öl in einem Topf erhitzen und den Lauch darin 3 Min. andünsten. Die Champignons zugeben und 5 Min. mitdünsten.

3 Mit der Gemüsebrühe aufgießen und langsam aufkochen. Mit Sojasauce, Sherry und Pfeffer würzen.

4 Die Glasnudeln abgießen und mit einer Küchenschere klein schneiden. Mit den Garnelen in die Suppe geben und bei sehr milder Hitze 5 Min. darin ziehen lassen. Abschmecken und in Tassen füllen.

Getränk: Reiswein

Variante
Anstatt der Champignons können Sie auch Sojasprossen verwenden. Die Garnelen können durch Hähnchenbrustfilet ersetzt werden.

Hähnchen mit Ananas
(großes Bild, rechts)

Zutaten für 4 Personen
250 g Basmati-Reis oder Langkornreis
Salz, 1 EL Curry
4 Hähnchenschenkel
2 EL Öl
Pfeffer
1 mittelgroße Ananas oder 1 Dose Ananasstücke (800 g Abtropfgewicht)
300 g TK-Erbsen
250 g Crème fraîche

Zubereitungszeit: ca. 40 Min.
Pro Portion ca. 676 kcal · 36 g E · 22 g F · 84 g K

MILD-WÜRZIG

1 Den Reis in Salzwasser mit dem Curry nach Packungsanleitung garen. Den Backofen auf 200° vorheizen.

2 Die Hähnchenschenkel waschen und trockentupfen. Das Öl in einem Bräter erhitzen und die Hähnchenschenkel darin rundum goldbraun anbraten. Kräftig salzen und pfeffern.

3 Inzwischen die Ananas großzügig schälen, vierteln, den Strunk entfernen und das Fruchtfleisch klein schneiden. Ananasstücke aus der Dose abtropfen lassen.

4 Die Hähnchenschenkel aus dem Bräter nehmen. Die gefrorenen Erbsen und die Crème fraîche unter den Reis rühren und die Mischung im Bräter verteilen. Die Hähnchenschenkel mit den Ananasstückchen darauf legen.

5 Alles zugedeckt im vorgeheizten Backofen (Mitte, Umluft 180°) in 35 Min. fertig garen.

Getränk: Trockener Weißwein, z. B. Grauburgunder aus Baden

Marinierte Mango mit Kokossahne
(kleines Bild)

Zutaten für 4 Personen
3 reife Mangos
$^1/_2$ Zitrone
3 EL Honig
100 g Kokosflocken
200 g süße Sahne
1 EL Puderzucker
$^1/_2$ Bund Minze

Zubereitungszeit: ca. 15 Min.
Pro Portion ca. 451 kcal · 3 g E · 32 g F · 38 g K

FESTLICH

1 Die Mangos schälen und das Fruchtfleisch rund um den Kern in Spalten abschneiden. Die Mangospalten auf vier Tellern anrichten.

2 Die Zitrone auspressen und den Saft mit dem Honig verrühren. Die Mischung auf die Mangospalten träufeln und bis zum Servieren im Kühlschrank ziehen lassen.

3 Die Kokosflocken in einer beschichteten Pfanne ohne Fett leicht anrösten. Die Sahne mit dem Puderzucker steif schlagen und die Kokosflocken unterheben. Die Kokossahne vor dem Servieren als Klacks neben den Mangospalten anrichten. Mit den Minzeblättchen garnieren.

Dazu: Waffelröllchen

Getränk: Champagner

Variante
Anstelle von Mangos können Sie auch Ananas oder beide Fruchtsorten zusammen verwenden. Wenn gerade keine reifen Früchte zu bekommen sind, können Sie auf TK-Früchte oder Früchte aus der Dose zurückgreifen.

Ablauf

1. Backofen auf 200° vorheizen
2. Wasser für den Reis aufsetzen
3. Mangos zubereiten und im Kühlschrank marinieren
4. Sahne schlagen und kalt stellen
5. Hähnchenschenkel zubereiten
6. Reis kochen und warm halten
7. Glasnudelsuppe zubereiten, Garnelen aber erst kurz vor dem Servieren zugeben

Blumenkohlsuppe mit Garnelen
(großes Bild, hinten)

Zutaten für 4 Personen
600 g TK-Blumenkohl
800 ml Gemüsebrühe
1 Bund Schnittlauch
150 g Crème fraîche
Salz, Pfeffer
1 Prise frisch geriebene Muskatnuss
1 TL Zitronensaft
100 g Tiefseegarnelen (geschält und gegart)

Zubereitungszeit: ca. 20 Min.
Pro Portion ca. 237 kcal · 8 g E · 18 g F · 10 g K

RAFFINIERT

1 Den Blumenkohl mit der Gemüsebrühe in einen Topf geben und aufkochen. Zugedeckt 15 Min. köcheln.

2 Inzwischen den Schnittlauch waschen, trockentupfen und in feine Röllchen schneiden.

3 Die Crème fraîche zum Blumenkohl in den Topf geben und alles mit dem Mixstab fein pürieren. Wieder aufkochen und die Suppe mit Salz, Pfeffer, Muskat und Zitronensaft würzen. 1 EL Schnittlauch zum Garnieren zurückhalten, den Rest mit den Garnelen untermischen.

4 Die Suppe in vier Suppentassen oder -teller füllen und mit dem restlichen Schnittlauch bestreuen.

Dazu: Baguette

Getränk: Cidre

Variante
Anstelle der Garnelen kleine Würfel von gekochtem Schinken oder Räucherlachs auf die Suppe streuen.

Hasenfilet mit Lauchpüree
(großes Bild, vorne)

Zutaten für 4 Personen
Salz, 500 g Lauch
4 Portionen Kartoffelpüree
5 EL Butter, Pfeffer
1 Prise frisch geriebene Muskatnuss
300 g Austernpilze, 2 EL Öl
800 g Hasenrückenfilets oder Lammfilets
400 ml Wildfond (Fertigprodukt)
100 g süße Sahne, 100 ml Portwein
2 EL Erdbeerkonfitüre

Zubereitungszeit: ca. 35 Min.
Pro Portion ca. 867 kcal · 53 g E · 47 g F · 50 g K

FESTLICH

1 Salzwasser aufkochen. Den Lauch putzen, waschen, grob zerschneiden und in ca. 8 Min. darin weich kochen.

2 Das Kartoffelpüree zubereiten. Den Lauch abtropfen lassen, pürieren und dabei 2 EL Butter zufügen. Unter das Püree mischen und mit Salz, Pfeffer und Muskat würzen.

3 Die Austernpilze putzen und würfeln. Das Öl in einer Pfanne stark erhitzen und die Filets darin auf jeder Seite 1 Min. anbraten. Die Hitze reduzieren, das Fleisch salzen und pfeffern. Die restliche Butter zugeben und die Filets in 10 Min. fertig braten. Herausnehmen und warm stellen.

4 Die Austernpilze im verbliebenen Fett kräftig anbraten. Fond, Sahne und Portwein aufgießen. Die Konfitüre unterrühren und um ein Drittel reduzieren. Salzen und pfeffern.

5 Das Fleisch in der Sauce erwärmen und mit dem Püree anrichten.

Getränk: Halbtrockener Riesling

Kirschtorteletts mit Mascarpone
(kleines Bild)

Zutaten für 4 Personen
1 kleines Glas Kirschen (425 g Abtropfgewicht)
250 g Mascarpone
2 EL gemahlene Haselnüsse
4 Biskuit-Torteletts (Fertigprodukt)
4 TL Kirschwasser
150 g süße Sahne
1 EL Zucker
50 g Schokoraspel zum Garnieren

Zubereitungszeit: ca. 10 Min.
Pro Portion ca. 939 kcal · 12 g E · 64 g F · 78 g K

BLITZSCHNELL

1 Die Kirschen abtropfen lassen und den Kirschsaft dabei auffangen. Den Mascarpone in einer Schüssel mit 6 EL des Kirschsafts verrühren. Die Haselnüsse untermischen.

2 Die Torteletts auf eine Platte setzen und mit dem Kirschwasser beträufeln. Mit der Mascarponecreme gleichmäßig bestreichen.

3 Die Kirschen dicht nebeneinander auf die Creme setzen und kalt stellen. Die Sahne mit dem Zucker steif schlagen. Die Kirschtörtchen erst kurz vor dem Servieren mit den Schokoraspeln bestreuen. Die Sahne extra dazu reichen.

Getränk: Punsch

Variante
Anstelle der Torteletts können Sie auch einen großen fertigen Biskuitboden verwenden.

Ablauf

1. Kirschtorteletts zubereiten und kalt stellen
2. Blumenkohlsuppe zubereiten und ohne die Garnelen bei milder Hitze warm halten
3. Lauchpüree zubereiten und bei milder Hitze warm halten
4. Hasenfilets zubereiten und bei milder Hitze warm halten

Schwarzwurzeln mit Räucherfisch

(großes Bild, hinten)

Zutaten für 4 Personen

1 Dose Schwarzwurzeln (500 g Abtropfgewicht)
je 1 Bund Petersilie und Basilikum
2 Knoblauchzehen
5 EL Olivenöl
3 EL Apfelessig
Salz, Pfeffer
Baguette zum Aufbacken
350 g Schillerlocken oder anderer Räucherfisch

Zubereitungszeit: ca. 15 Min.
Pro Portion ca. 565 kcal · 25 g E · 34 g F · 38 g K

AROMATISCH

1 Die Schwarzwurzeln in einem Sieb abtropfen lassen. Die Petersilie und das Basilikum waschen, trockentupfen und die Blättchen abzupfen. Den Knoblauch pellen. Kräuter, Knoblauch, Olivenöl und Apfelessig im Mixer pürieren. Die Sauce mit Salz und Pfeffer würzen.

2 Den Backofen für das Baguette vorheizen. Die Schwarzwurzeln in eine Schale geben und mit der Sauce übergießen. 10 Min. ziehen lassen. Inzwischen das Baguette nach Packungsanleitung aufbacken.

3 Die Schillerlocken schräg in Scheiben schneiden und mit den marinierten Schwarzwurzeln und dem Baguette auf vier Tellern anrichten.

Getränk: Bier

Variante
Anstelle des Baguettes passt auch Bauernbrot mit Kräuterbutter gut als Beilage.

Kalbsröllchen auf Bayrisch-Kraut

(großes Bild, vorne)

Zutaten für 4 Personen

900 g TK-Bayrisch Kraut oder Rotkohl
150 ml trockener Weißwein
1 Bund Schnittlauch
240 g Gänseleberparfait oder Kalbsleberwurst
50 g frisch geriebener Parmesan
1 EL Semmelbrösel
4 dünn geschnittene, längliche Kalbsschnitzel (je ca. 120 g)
Salz, Pfeffer, 2 EL Öl
1 EL Butter, 150 g Crème fraîche
2 EL Honig, 4 EL Aceto Balsamico
4 TK-Kartoffelpuffer (Fertigprodukt)

Zubereitungszeit: ca. 35 Min.
Pro Portion ca. 849 kcal · 44 g E · 45 g F · 31 g K

WÜRZIG

1 Das Kraut mit dem Wein zugedeckt bei mittlerer Hitze 15 Min. erhitzen. Immer wieder umrühren.

2 Den Schnittlauch waschen und in Röllchen schneiden. Das Parfait mit Parmesan, Semmelbröseln und der Hälfte des Schnittlauchs mischen.

3 Das Fleisch salzen und pfeffern. Die Creme darauf streichen, das Fleisch aufrollen und mit Rouladennadeln feststecken. Das Öl und die Butter erhitzen und die Röllchen darin anbraten. Zugedeckt bei mittlerer Hitze 25–30 Min. braten.

4 Crème fraîche, Honig und Aceto Balsamico unter das Kraut rühren, salzen und pfeffern.

5 Die Kartoffelpuffer braten und mit den Röllchen und Kraut anrichten.

Getränk: Leichter Weißwein, z. B. Riesling aus dem Rheingau

Avocado-Minze-Creme

(kleines Bild)

Zutaten für 4 Personen

3 reife Avocados
1 EL Zitronensaft
$1/_2$ Bund frische Minze
250 g Magerquark
100 g Crème fraîche
6 EL Puderzucker

Zubereitungszeit: ca. 10 Min.
Pro Portion ca. 558 kcal · 12 g E · 50 g F · 15 g K

GANZ EINFACH

1 Die Avocados halbieren und den Stein entfernen. Das Fruchtfleisch aus den Schalen lösen, 4 schöne Schalen aufheben. Das Fruchtfleisch mit Zitronensaft beträufeln.

2 Die Minze waschen und die Blättchen abzupfen, einige davon beiseite legen. Das Fruchtfleisch der Avocados mit der restlichen Minze im Mixer fein pürieren.

3 Den Quark in einem Sieb gründlich abtropfen lassen. Das Avocadopüree mit dem Quark, der Crème fraîche und dem Puderzucker verrühren. Die Creme mit einem Spritzbeutel mit großer Sterntülle in den Schalenhälften verteilen. Mit Minze garnieren.

Dazu: Waffelröllchen mit Schokoüberzug

Getränk: Cava (spanischer Sekt)

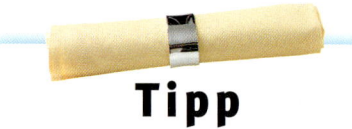

Tipp
Noch schneller geht es, wenn die Creme in Dessertschälchen gefüllt und mit den Minzeblättchen garniert wird.

Ablauf

1. Backofen vorheizen
2. Kraut zubereiten
3. Kalbsröllchen zubereiten
4. Schwarzwurzeln marinieren und ziehen lassen
5. Baguette aufbacken
6. Avocado-Minze-Creme zubereiten und kalt stellen, vor dem Servieren garnieren

Eichblattsalat mit Roquefort

(großes Bild, hinen)

Zutaten für 4 Personen
1 kleiner Eichblattsalat
1 Bund Koriandergrün oder Petersilie
4 frische Feigen
1 kleines Baguette zum Aufbacken
3 EL Aceto Balsamico
Salz, Pfeffer
5 EL Olivenöl
100 g Roquefort oder Gorgonzola

Zubereitungszeit: ca. 15 Min.
Pro Portion ca. 320 kcal · 9 g E · 21 g F · 25 g K

RAFFINIERT

1 Den Backofen auf 200° vorheizen. Den Eichblattsalat putzen, in Blätter teilen, waschen und abtropfen lassen. Die Kräuter waschen und die Blättchen abzupfen. Die Feigen waschen, trockentupfen und vierteln.

2 Das Baguette im Backofen (Mitte, Umluft 180°) aufbacken. Den Aceto Balsamico mit Salz, Pfeffer und Olivenöl in einen Rührbecher geben und mit dem Mixstab aufschlagen. Den Salat auf vier Tellern verteilen und mit dem Dressing beträufeln.

3 Die Feigen darauf setzen, den Käse zerkrümeln und darüber streuen. Das Baguette aufschneiden und dazu reichen.

Getränk: Rosé Champagner oder Weißherbst

Variante
Nach Belieben können Sie den Eichblattsalat durch Feldsalat und die Feigen durch gedünstete Birnen ersetzen.

Forellen mit Mandel-Brokkoli

(großes Bild, vorne)

Zutaten für 4 Personen
4 Forellen (je ca. 350 g)
Salz, Pfeffer, 1 Bund Basilikum
4 Knoblauchzehen
4 EL Olivenöl
250 ml trockener Weißwein
450 g TK-Brokkoli
4 EL Mandelblättchen

Zubereitungszeit: ca. 25 Min.
Pro Portion ca. 473 kcal · 54 g E · 22 g F · 10 g K

FESTLICH

1 Den Backofen auf 220° vorheizen. Die Forellen waschen, trockentupfen und innen und außen leicht salzen und pfeffern. Das Basilikum waschen, die Blätter abzupfen. Den Knoblauch pellen, längs halbieren und mit dem Basilikum in die Bäuche der Forellen legen.

2 Das Salzwasser für den Brokkoli aufsetzen. Die Fettpfanne des Backofens mit 2 EL Olivenöl einpinseln und die Forellen darauf legen. Den Weißwein dazugießen und mit Alufolie bedecken. Im vorgeheizten Backofen (Mitte, Umluft 200°) 20–25 Min. garen.

3 Den gefrorenen Brokkoli in kochendem Salzwasser ca. 8 Min. garen. Das restliche Öl mit den Mandelblättchen aufschäumen. Den abgetropften Brokkoli darin schwenken. Mit den Forellen anrichten und mit dem Sud beträufeln.

Dazu: Bratkartoffeln (Fertigprodukt) oder Salzkartoffeln

Getränk: Trockener Weißwein, z. B. Albarino aus Spanien

Pflaumen-Schoko-Creme

(kleines Bild)

Zutaten für 4 Personen
400 g weiche Trockenpflaumen
6 EL Portwein
200 g süße Sahne
100 g weiße Schokolade
1 Glas Vanillesauce (Fertigprodukt)
Minzeblättchen zum Garnieren

Zubereitungszeit: ca. 15 Min.
Pro Portion ca. 587 kcal · 7 g E · 25 g F · 73 g K

GELINGT LEICHT

1 Die Pflaumen bis auf 4 Stück grob zerschneiden, mit Portwein beträufeln und kurz ziehen lassen.

2 Die Sahne in einem kleinen Topf erhitzen. Die Schokolade hineinbröckeln und bei milder Hitze langsam schmelzen lassen.

3 Die Pflaumen samt Portwein im Mixer pürieren. Die Schokosahne nach und nach zugeben und zu einer geschmeidigen Creme mixen. Die Pflaumen-Schoko-Creme in vier Dessertschalen füllen und bis zum Servieren kalt stellen.

4 Kurz vor dem Servieren mit Vanillesauce begießen. Mit den ganzen Pflaumen und Minzeblättchen garnieren.

Getränk: Portwein

Variante
Die Trockenpflaumen können Sie nach Belieben durch getrocknete Aprikosen ersetzen.

Ablauf

1. Pflaumen-Schoko-Creme zubereiten und kalt stellen
2. Eichblattsalat und Feigen waschen und abtropfen lassen
3. Backofen auf 200° vorheizen und das Baguette darin backen
4. Brokkoli und Forellen vorbereiten
5. Backofen auf 220° hochschalten
6. Salat fertig stellen und servieren
7. Forellen in den Backofen schieben

Gelbe Linsensuppe mit Kresse

(großes Bild, hinten)

Zutaten für 4 Portionen
1 kleine Zwiebel
1 Knoblauchzehe
2 EL Öl
400 g gelbe Linsen
1 l Gemüsebrühe
$^1/_2$ Kästchen Kresse
150 g Schmand
Salz, Pfeffer
1 TL Currypulver
1 Msp. Cayennepfeffer
1 EL Zitronensaft

Zubereitungszeit: ca. 15 Min.
Pro Portion ca. 495 kcal · 25 g E ·
17 g F · 59 g K

CREMIG

1 Die Zwiebel und den Knoblauch
pellen und fein hacken. In einem Topf
das Öl erhitzen und die Zwiebel- und
Knoblauchwürfel darin andünsten.
Die Linsen zufügen und kurz mitdünsten. Mit der Gemüsebrühe aufgießen, aufkochen und bei milder
Hitze zugedeckt 10 Min. köcheln.

2 Inzwischen die Kresse waschen
und die Blättchen mit der Küchenschere abschneiden. Den Schmand
in die Suppe rühren, die dann aber
nicht mehr kochen darf. Die Linsensuppe fein pürieren und mit Salz,
Pfeffer, Curry, Cayennepfeffer und
Zitronensaft würzen.

3 Kurz vor dem Servieren zwei Drittel der Kresseblättchen unter die
Suppe mischen. Die Linsensuppe in
vier Tassen oder Teller füllen und mit
der restlichen Kresse bestreuen.

Dazu: Warmes Baguette

Getränk: Leichter Rotwein, z. B.
Gamay

Rotbarsch mit Mango-Chutney

(großes Bild, vorne)

Zutaten für 4 Personen
4 Portionen Rotbarsch- oder
Kabeljaufilet (je ca. 200 g)
2 EL Zitronensaft, Salz, Pfeffer
1 Msp. Kreuzkümmel
100 g Glasnudeln
1 Bund Schnittlauch
4 EL Öl, 2 Knoblauchzehen
300 g Mango-Chutney (Fertigprodukt)
200 g süße Sahne

Zubereitungszeit: ca. 15 Min.
Pro Portion ca. 669 kcal · 39 g E ·
31 g F · 57 g K

EXOTISCH

1 Den Fisch waschen, trockentupfen,
mit Zitronensaft beträufeln und mit
Salz, Pfeffer und Kreuzkümmel würzen. Die Glasnudeln überbrühen und
10 Min. ziehen lassen.

2 Den Schnittlauch waschen und in
feine Röllchen schneiden. In einer
Pfanne 2 EL Öl erhitzen. Den Knoblauch pellen, dazupressen und bei
milder Hitze andünsten.

3 Die Glasnudeln abtropfen lassen
und mit einer Küchenschere grob
zerschneiden. In die Pfanne geben
und 5 Min. dünsten. Den Schnittlauch untermischen und salzen.

4 In einem separaten Topf das
Mango-Chutney mit der Sahne aufkochen und 5 Min. offen köcheln.
Das restliche Öl in einer Pfanne erhitzen und den Fisch darin ca. 6 Min.
braten, dabei einmal wenden. Mit
den Glasnudeln und der Sauce auf
vier Tellern anrichten.

Dazu: Basmati- oder Langkornreis

Getränk: Riesling aus Rheinhessen

Grießgratin mit Trockenfrüchten

(kleines Bild)

Zutaten für 4 Portionsförmchen
200 g Kuraprikosen
200 g Kurpflaumen
6 EL brauner Rum
2 Eier
100 g Zucker
2 Pck. Vanillezucker
500 g Joghurt
200 g Grieß
Fett für die Förmchen
3 EL Butter

Zubereitungszeit: ca. 30 Min.
Pro Portion ca. 742 kcal · 17 g E ·
15 g F · 118 g K

PREISWERT

1 Die Kuraprikosen und die Kurpflaumen grob zerschneiden und in
eine Schüssel geben. Mit dem Rum
begießen und ziehen lassen.

2 Den Backofen auf 180° vorheizen.
Die Eier, den Zucker und den Vanillezucker in eine Schüssel füllen und
mit den Schneebesen des Handrührers zu einer cremigen Masse aufschlagen. Den Joghurt esslöffelweise
zufügen. Den Grieß dazugeben und
alles gut verrühren.

3 Die Förmchen fetten und die Apri-
kosen und Pflaumen hineingeben.
Die Grießmasse darauf verteilen, die
Butter in Flöckchen darauf setzen.

4 Die Gratins in ca. 20 Min. im vorgeheizten Backofen (Mitte, Umluft
160°) goldgelb überbacken.

Variante
Unter die Grießmasse können Sie
gehackte Mandeln oder Nüsse mischen. Den Rum können Sie nach Belieben durch Fruchtsaft ersetzen oder
ganz weglassen.

Ablauf

1. Trockenfrüchte klein schneiden, mit Rum beträufeln und ziehen lassen
2. Linsensuppe zubereiten
3. Glasnudeln überbrühen und ziehen lassen
4. Backofen auf 180° vorheizen
5. Rotbarsch und Sauce zubereiten und bei sehr milder Temperatur warm halten
6. Vor dem Servieren des Hauptgangs die Förmchen in den Ofen schieben

Hähnchenmedaillons auf Salat
(großes Bild, vorne)

Zutaten für 4 Personen
2 Hähnchenbrustfilets (je ca. 120 g)
2 EL Butterschmalz
Salz, Pfeffer
1 mittelgroßer Radicchio
100 g Rucola
2 Knoblauchzehen
1 kleine Zwiebel
4 EL Olivenöl
2 EL Essig, Salz, Pfeffer
1 Prise Zucker
100 g schwarze Oliven

Zubereitungszeit: ca. 25 Min.
Pro Portion ca. 259 kcal · 15 g E ·
20 g F · 5 g K

GELINGT LEICHT

1 Die Filets waschen, trockentupfen und im heißen Butterschmalz 5 Min. anbraten. Mit Salz und Pfeffer würzen. Bei mittlerer Hitze zugedeckt 10 Min. gar ziehen lassen. Herausnehmen und kurz ruhen lassen.

2 Den Radiccio putzen, vierteln, in schmale Streifen schneiden und waschen. Den Rucola waschen und die Stiele abknipsen.

3 Den Knoblauch und die Zwiebel pellen und fein hacken. In einer großen Salatschüssel mit Olivenöl, Essig, Salz, Pfeffer und Zucker gut verrühren.

4 Die Oliven entsteinen und hacken. Die Filets in Scheiben schneiden. Den Salat im Dressing wenden und mit den Filetscheiben anrichten. Mit den Oliven bestreut servieren.

Dazu: Ciabatta oder Baguette

Getränk: Cava (spanischer Sekt)

Schollenfilets auf Chinakohl
(großes Bild, hinten)

Zutaten für 4 Personen
800 g Chinakohl
2 Knoblauchzehen, 2 EL Butter
2 EL Sojasauce, Pfeffer
1 Päckchen Sauce Hollandaise
(Fertigprodukt)
1 Bund Dill, Fett für die Form
600 g Schollenfilets
1 TL Zitronensaft
250 g Basmati-Reis oder Langkornreis

Zubereitungszeit: ca. 30 Min.
Pro Portion ca. 684 kcal · 38 g E ·
31 g F · 68 g K

RAFFINIERT

1 Den Chinakohl putzen, vierteln und in schmale Streifen schneiden. Waschen und abtropfen lassen.

2 Den Knoblauch pellen. Die Butter erhitzen und den Chinakohl darin andünsten. Den Knoblauch dazupressen und ca. 8 Min. mitdünsten. Mit Sojasauce und Pfeffer würzen.

3 Die Sauce Hollandaise zubereiten. Den Dill waschen und abzupfen. Eine Gratinform einfetten. Salzwasser für den Reis erhitzen. Den Backofen auf 220° vorheizen.

4 Den Chinakohl in der Form verteilen. Die Fischfilets mit Zitronensaft beträufeln, salzen, pfeffern und auf den Chinakohl legen. Den Dill unter die Sauce Hollandaise rühren und auf dem Fisch verteilen.

5 Den Fisch im Backofen (Mitte, Umluft 200°) ca. 15 Min. gratinieren. Inzwischen den Reis garen. Mit dem Fisch und dem Chinakohl anrichten.

Getränk: Trockener Weißwein, z. B. Riesling aus der Wachau

Orangensalat mit Honigsauce
(kleines Bild)

Zutaten für 4 Personen
5 unbehandelte Orangen
150 g Honig
100 g Mandelblättchen
5 EL Amaretto

Zubereitungszeit: ca. 15 Min.
Pro Portion ca. 375 kcal · 6 g E ·
13 g F · 57 g K

VITAMINREICH

1 Eine der Orangen heiß waschen, abtrocknen und die Schale mit einem Zestenreißer in feinen Streifen abschälen. Oder die Orangenschale mit dem Sparschäler dünn abschälen und die Schale in ganz feine Streifen schneiden. Die Orange auspressen.

2 Die 4 übrigen Orangen so schälen, dass die weiße Innenhaut ganz entfernt wird. Die Orangen quer in Scheiben schneiden und auf Dessertteller anrichten.

3 In einem Topf den Honig mit dem Orangensaft verrühren. Die Orangenschalen zugeben und 5 Min. köcheln lassen. Dann die Mandelblättchen und den Amaretto untermischen.

4 Die heiße Honigsauce gleichmäßig über die Orangenscheiben gießen. Die Orangen bis zum Servieren in den Kühlschrank stellen.

Dazu: Cremig gerührtes Vanilleeis

Getränk: Marsala

Ablauf

1. Orangensalat zubereiten und kalt stellen
2. Radicchio und Rucola waschen und abtropfen lassen
3. Dressing vorbereiten
4. Den Backofen auf 220° vorheizen
5. Sauce zubereiten
6. Nach dem Servieren der Vorspeise den Fisch in den Ofen schieben

Mini-Romana mit Sardellensauce
(großes Bild, hinten)

Zutaten für 4 Personen
4 Mini-Romana-Salate
4 Sardellenfilets
250 g Sahnequark
Saft von 1 Zitrone
3 EL Olivenöl
1 TL Sojasauce
50 g frisch geriebener Parmesan
Pfeffer
4 EL Croûtons (Fertigprodukt)

Zubereitungszeit: ca. 20 Min.
Pro Portion ca. 238 kcal · 14 g E ·
18 g F · 4 g K

WÜRZIG-PIKANT

1 Die Minisalate waschen, abtropfen lassen, längs halbieren und auf Tellern verteilen. Die Sardellenfilets abtropfen lassen.

2 Den Sahnequark mit dem Zitronensaft, dem Olivenöl, den Sardellenfilets und der Sojasauce in einen Rührbecher geben und mit dem Mixstab aufschlagen. Zuletzt den Parmesan unterrühren und mit Pfeffer würzen.

3 Die Sauce über die Mini-Romanas gießen und bis zum Servieren ziehen lassen. Mit den Croûtons bestreuen.

Dazu: Knuspriges Baguette

Getränk: Trockener Weißwein, z.B. Sauvignon blanc

Kabeljau auf Gemüsegratin
(großes Bild, vorne)

Zutaten für 4 Personen
800 g Kabeljaufilet
1 EL Zitronensaft
Salz, Pfeffer
750 g Zucchini
500 g Kartoffeln
1 EL Butter
400 g Kräuter-Frischkäse
3 EL süße Sahne

Zubereitungszeit: ca. 45 Min.
Pro Portion ca. 593 kcal · 53 g E ·
34 g F · 17 g K

GANZ EINFACH

1 Den Kabeljau waschen, trockentupfen, in 4 Portionen schneiden und mit Zitronensaft beträufeln. Mit Salz und Pfeffer würzen. Den Backofen auf 220° vorheizen.

2 Reichlich Salzwasser erhitzen. Zucchini und Kartoffeln waschen, putzen bzw. schälen und in feine Scheiben hobeln. Im kochenden Wasser ca. 3 Min. blanchieren. Abgießen.

3 Eine Gratinform mit der Butter einfetten. Die Zucchini-Kartoffel-Mischung darin verteilen und im vorgeheizten Backofen (Mitte, Umluft 200°) 10 Min. garen.

4 Den Kräuter-Frischkäse mit der Sahne verrühren. Die Zucchini-Kartoffel-Mischung aus dem Ofen nehmen, den Fisch darauf verteilen und mit der Kräutersahne übergießen. Im Backofen weitere 15 Min. garen.

Getränk: Soave aus Italien

Variante
Zeit spart, wer auf eine fertige Zucchini-Kartoffel-Mischung (im Beutel) zurückgreift.

Marinierte Trauben mit Roquefortcreme
(kleines Bild)

Zutaten für 4 Personen
500 g weiße und blaue Trauben
2 EL Honig
4 EL Aceto Balsamico
4 EL Olivenöl
300 g Roquefort oder Gorgonzola
5 EL süße Sahne
200 g Doppelrahm-Frischkäse
1 TL Zitronensaft
Salz
1 TL grob gemahlener schwarzer Pfeffer

Zubereitungszeit: ca. 15 Min.
Pro Portion ca. 552 kcal · 14 g E ·
42 g F · 34 g K

FESTLICH

1 Die Trauben waschen, abzupfen und halbieren, entkernen und in eine Schüssel geben. Den Honig mit dem Aceto Balsamico und dem Olivenöl verrühren. Die Mischung über die Trauben gießen und bis zum Servieren ziehen lassen.

2 Den Käse in eine Schüssel geben und mit einer Gabel fein zerdrücken. Die Sahne, den Doppelrahm-Frischkäse und den Zitronensaft dazugeben und alles zu einer glatten Creme verrühren. Die Mischung mit Salz und Pfeffer würzen.

3 Die Käsecreme als Klacks oder als Nocken auf vier Tellern anrichten und die marinierten Trauben daneben verteilen.

Dazu: Warmes Baguette

Getränk: Sherry, z. B. Amontillado

Ablauf

1. Mini-Romanas vorbereiten, Sauce zubereiten
2. Trauben marinieren, Roquefortcreme zubereiten und beides kalt stellen
3. Backofen auf 220° vorheizen
4. Kabeljau und Gratin vorbereiten
5. Nach dem Servieren der Vorspeise das Gratin in den Backofen schieben
6. Nach dem Abservieren der Vorspeise das Gratin aus dem Ofen nehmen und den Kabeljau darauf legen

Rote-Bete-Creme-suppe mit Minze

(großes Bild, hinten)

Zutaten für 4 Personen
1 Zwiebel, 2 EL Butter
1 kg Rote Bete (gekocht, geschält und vakuumverpackt)
750 ml Gemüsebrühe
100 g Crème fraîche, Salz, Pfeffer
1 Prise frisch geriebene Muskatnuss
einige Zweige frische Minze

Zubereitungszeit: ca. 15 Min.
Pro Portion ca. 235 kcal · 3 g E · 16 g F · 17 g K

RAFFINIERT

1 Die Zwiebel pellen, fein hacken und in der Butter glasig dünsten.

2 Inzwischen die Rote Bete in kleine Würfel schneiden und kurz mitdünsten. Mit der Gemüsebrühe aufgießen und aufkochen. Die Crème fraîche unterrühren.

3 Die Suppe mit dem Mixstab fein pürieren und weitere 5 Min. köcheln lassen. Mit Salz, Pfeffer und Muskat abschmecken. Die Minze waschen, trockentupfen und die Blättchen abzupfen. Einige davon beiseite legen, den Rest fein hacken und unter die Suppe rühren.

4 Die Rote-Bete-Suppe in vier Teller oder Tassen füllen und mit Minzeblättchen garnieren.

Dazu: Warme Sesamfladen

Getränk: Bier

Variante
Anstelle der Roten Bete kann diese Suppe auch mit Schwarzwurzeln aus dem Glas (580 g Abtropfgewicht) zubereitet werden.

Kartoffelgnocchi mit Pilzsauce

(großes Bild, vorne)

Zutaten für 4 Personen
500 g Egerlinge oder Champignons
1 EL Zitronensaft
2 Knoblauchzehen
einige Zweige frischer Rosmarin oder
1 TL getrockneter Rosmarin
3 EL Olivenöl
Salz, Pfeffer
200 ml trockener Weißwein
125 g Mascarpone
1 kg Kartoffelgnocchi (Fertigprodukt aus dem Kühlregal)
100 g frisch geriebener Parmesan

Zubereitungszeit: ca. 20 Min
Pro Portion ca. 531 kcal · 20 g E · 32 g F · 34 g K

VOLLES AROMA

1 Die Pilze putzen, vierteln und mit dem Zitronensaft beträufeln. Den Knoblauch pellen. Den Rosmarin waschen, die Nadeln abstreifen und fein hacken.

2 Das Olivenöl in einer Pfanne erhitzen. Die Pilze darin bei starker Hitze kräftig anbraten. Den Knoblauch darüber pressen, mit Salz und Pfeffer würzen. Den Rosmarin und den Wein zufügen. Alles aufkochen und den Mascarpone unterrühren. Die Pilze zugedeckt bei schwacher Hitze etwa 10 Min. dünsten.

3 Reichlich Salzwasser aufkochen. Die Gnocchi darin nach Packungsanleitung garen, herausnehmen und gut abtropfen lassen.

4 Die Gnocchi auf vier Tellern anrichten und die Pilze darauf verteilen. Den Parmesan getrennt servieren.

Getränk: Trockener Weißwein, z. B. Chardonnay

Portweinbeeren mit Vanillepudding

(kleines Bild)

Zutaten für 4 Personen
300 g TK-Beerenmischung
150 ml Portwein oder Holundersaft
1 EL Speisestärke
200 g süße Sahne
2 EL Zucker
500 g Vanillepudding (Fertigprodukt)
25 g gehackte Pistazien

Zubereitungszeit: ca. 15 Min.
Pro Portion ca. 451 kcal · 7 g E · 23 g F · 46 g K

CREMIG-ZART

1 Die tiefgekühlten Beeren in einen Topf geben und den Portwein zugießen. Alles 10 Min. bei milder Hitze köcheln lassen. Die Speisestärke mit etwas kaltem Wasser glatt rühren und unter die Beeren mischen. Unter Rühren einmal kurz aufkochen. Den Topf vom Herd nehmen und die Beeren abkühlen lassen.

2 Die Sahne mit dem Zucker steif schlagen. Die Hälfte davon unter den Vanillepudding rühren und in vier Dessertschalen füllen.

3 Die Portweinbeeren auf dem Pudding verteilen und die restliche Sahne als Klacks darauf setzen. Mit den gehackten Pistazien bestreuen.

Getränk: Portwein

Variante
Anstelle des Vanillepuddings können Sie auch vier Kugeln Vanilleeis verwenden. In diesem Fall benötigen Sie allerdings nur 100 g Sahne, die Sie steif geschlagen zu den lauwarmen Beeren und dem Eis servieren.

Ablauf

1. Rote-Bete-Suppe zubereiten und köcheln lassen
2. Pilzsauce für die Gnocchi zubereiten und bei milder Hitze warm halten
3. Beeren mit dem Portwein zubereiten und abkühlen lassen
4. Rote-Bete-Suppe pürieren und würzen
5. Wasser für die Gnocchi aufkochen
6. Vanillepudding fertig stellen und mit den Beeren kalt stellen
7. Nach dem Servieren der Suppe die Gnocchi garen

Lauwarmer Bohnensalat mit Tofu

(großes Bild, hinten)

Zutaten für 4 Personen
Salz
900 g TK-Bohnen
6 EL Sojaöl oder Pflanzenöl
1 Knoblauchzehe
Pfeffer
4 EL Sesamsamen
2 EL Sojasauce
5 EL Weinessig
200 g Räuchertofu (Reformhaus)

Zubereitungszeit: ca. 15 Min.
Pro Portion ca. 254 kcal · 9 g E ·
18 g F · 14 g K

GELINGT LEICHT

1 Reichlich Salzwasser aufkochen
und die tiefgekühlten Bohnen darin
in 10 Min. auftauen und garen.

2 Die Hälfte des Öls in einer großen
Pfanne mit hohem Rand erhitzen. Die
Bohnen abgießen, abtropfen lassen
und 3 Min. darin andünsten. Den
Knoblauch pellen, darüber pressen,
salzen und pfeffern. Den Sesam untermischen.

3 Die Sojasauce mit dem restlichen
Öl und dem Essig verrühren und mit
Pfeffer abschmecken. Über die Boh-
nen in der Pfanne gießen.

4 Den Tofu würfeln. Die lauwarmen
Sesambohnen auf vier Tellern anrichten, mit der Sauce übergießen und
die Tofuwürfel darauf verteilen.

Dazu: Vollkornbaguette mit Kräuterbutter (Fertigprodukt)

Getränk: Leichter Rotwein, z. B.
Trollinger aus Württemberg

Tagliatelle mit Radicchio-Sauce

(großes Bild, vorne)

Zutaten für 4 Personen
2 Köpfe Radicchio
1 kleine Zwiebel, 2 EL Butter
300 ml Gemüsebrühe
250 g Mascarpone
Salz
750 g grüne Tagliatelle (aus dem
Kühlregal)
50 g frisch geriebener Parmesan
2 EL Aceto Balsamico
Pfeffer

Zubereitungszeit: ca. 25 Min.
Pro Portion ca. 628 kcal · 16 g E ·
39 g F · 54 g K

SATTMACHER

1 Den Radicchio putzen, vierteln,
vom Strunk befreien und in schmale
Streifen schneiden. Ein Drittel davon
beiseite legen. Die Zwiebel pellen
und in schmale Streifen schneiden.

2 In einer großen Pfanne die Butter
erhitzen und die Zwiebel darin 3 Min.
andünsten. Den Hauptteil der Ra-
dicchioblätter zugeben und kurz
dünsten. Mit der Gemüsebrühe ablöschen, den Mascarpone unterrühren
und bei milder Hitze um ein Drittel
einkochen lassen.

3 Salzwasser aufkochen und die
Tagliatelle darin kochen.

4 Die Sauce pürieren und den Parmesan untermischen. Mit Balsamessig, Salz und Pfeffer abschmecken.
Die Nudeln in ein Sieb schütten und
abtropfen lassen. Dann mit der Sauce in der Pfanne mischen. Mit den
übrigen Radicchiostreifen auf vier
Tellern anrichten.

Getränk: Kräftiger Rotwein, z. B.
Dolcetto aus dem Piemont

Mandelwaffeln mit Pflaumen

(kleines Bild)

Zutaten für 4 Personen
80 g weiche Butter, 3 EL Zucker
2 Eier, 150 g Mehl
2 EL gemahlene Mandeln
250 g saure Sahne
1 Prise Salz
Fett für das Waffeleisen
1 Glas Pflaumen (725 g Abtropfgewicht)
2 EL Zwetschgenwasser nach Belieben
1 Prise gemahlener Zimt

Zubereitungszeit: ca. 20 Min.
Pro Portion ca. 579 kcal · 11 g E ·
29 g F · 69 g K

PREISWERT

1 Die Butter und den Zucker schau-
mig rühren, nach und nach die Eier
zugeben. Das Mehl, die Mandeln, die
saure Sahne und das Salz unterrühren. Kurz quellen lassen.

2 Das Waffeleisen aufheizen und
einfetten. Inzwischen die Pflaumen
samt Saft in eine Schüssel füllen.
Das Zwetschgenwasser und den Zimt
untermischen.

3 Jeweils 2–3 EL Teig in das Waffeleisen geben und nacheinander 8 gold-
gelbe Waffeln ausbacken. Warm mit
den Pflaumen servieren.

Dazu: Sahne mit Zimt und Zucker

Getränk: Kaffee oder Cappuccino

Tipp
Es lohnt sich, gleich mehr Waffeln zu
backen, denn sie lassen sich prima ein-
frieren und können danach im Toaster
wieder aufgebacken werden.

Ablauf

1. Radicchio-Sauce zubereiten und bei milder Hitze warm halten
2. Waffelteig zubereiten
3. Bohnensalat zubereiten
4. Nudelwasser aufsetzen
5. Bohnensalat fertig stellen und servieren
6. Nudeln mit Radicchio-Sauce mischen und servieren
7. Waffeln backen, inzwischen Pflaumen zubereiten und beides servieren

Brokkolisalat mit Salsa-Sauce

(großes Bild, vorne)

Zutaten für 4 Personen
Salz
600 g TK-Brokkoli
1 kleine Zwiebel
1 Bund frischer Koriander oder
Petersilie
8 EL Salsa-Sauce (Fertigprodukt)
Saft von 1 Zitrone
4 EL Olivenöl
Pfeffer
4 Weizentortillas (Fertigprodukt) oder
Baguette

Zubereitungszeit: ca. 15 Min.
Pro Portion ca. 279 kcal · 8 g E ·
13 g F · 36 g K

PIKANT

1 Salzwasser aufkochen, den tiefgekühlten Brokkoli hineingeben
und ca. 12 Min. garen.

2 Die Zwiebel pellen und fein
hacken. Die Kräuter waschen, abzupfen und grob hacken.

3 In einer großen Schüssel die Salsa
mit dem Zitronensaft und 2 EL Olivenöl verrühren, mit Salz und Pfeffer
abschmecken. Die Zwiebel und die
Kräuter untermischen.

4 Das restliche Olivenöl in einer
Pfanne erhitzen und die Weizen-
Tortillas darin kurz beidseitig bra-
ten. Warm halten.

5 Den Brokkoli gut abtropfen lassen,
zur Sauce in die Schüssel geben und
gründlich darin wenden. Bis zum Servieren durchziehen lassen. Den Salat
mit den warmen Tortillas anrichten.

Getränk: Bier

Reisgratin mit Tomaten und Mais

(großes Bild, hinten)

Zutaten für 4 Personen
Salz
400 g Risottoreis
1/2 Bund Frühlingszwiebeln
2 EL Olivenöl
1 Dose Mais (285 g Abtropfgewicht)
1 Dose Tomaten (400 g Einwaage)
200 g geriebener Käse (Gouda oder
Emmentaler)
Pfeffer
1 Msp. Cayennepfeffer

Zubereitungszeit: ca. 25 Min.
Pro Portion ca. 782 kcal · 27 g E ·
22 g F · 115 g K

GELINGT LEICHT

1 Reichlich Salzwasser aufkochen
und den Risottoreis 12 Min. zugedeckt bei milder Hitze garen. In einem Sieb gut abtropfen lassen. Den
Backofen auf 200° vorheizen.

2 Die Frühlingszwiebeln putzen, waschen und in Ringe schneiden. 1 EL
Olivenöl in einer Pfanne erhitzen und
die Frühlingszwiebeln darin 3 Min.
dünsten. Den Mais abtropfen lassen.

3 Eine Auflaufform mit dem restlichen Olivenöl auspinseln. Den Reis
mit dem Mais, den Tomaten samt
Saft, den Frühlingszwiebeln und der
Hälfte des Käses gut mischen. Kräftig
mit Salz, Pfeffer und Cayennepfeffer
würzen, denn der Reis nimmt viel
Würze auf.

4 In die Gratinform füllen und mit
dem restlichen Käse bestreuen. Im
vorgeheizten Backofen (Mitte, Umluft 180°) 20–25 Min. überbacken.

Dazu: Tsatsiki (Fertigprodukt)

Getränk: Trockener Cidre

Ananas in Karamellsauce

(kleines Bild)

Zutaten für 4 Personen
1 große, reife Ananas
80 g Butter
100 g Zucker
1 Pck. Vanillezucker
4 cl brauner Rum
250 g Mascarpone

Zubereitungszeit: ca. 20 Min.
Pro Portion ca. 652 kcal · 4 g E ·
47 g F · 46 g K

EXOTISCH

1 Die Ananas großzügig schälen,
vierteln und den Strunk in der Mitte
entfernen. Das Fruchtfleisch in
gleichmäßige Stücke schneiden.

2 Die Butter in einer großen Pfanne
erhitzen und die Ananasstücke darin
kurz andünsten. Herausnehmen und
beiseite stellen.

3 Den Zucker und Vanillezucker zugeben, bei milder Hitze schmelzen
und goldbraun werden lassen, dabei
ab und zu umrühren. Mit dem Rum
ablöschen und aufkochen. Den Mascarpone zugeben und alles ca. 5 Min.
köcheln lassen, bis eine cremige
Sauce entstanden ist.

4 Die Ananas kurz in der Sauce erwärmen. Dann mit der Sauce auf vier
Desserttellern anrichten.

Dazu: Vanilleeis

Tipp
Für eine tolle Optik die Ananasstücke
auf den Ananasvierteln anrichten.

Ablauf

1. Brokkolisalat zubereiten und kalt stellen
2. Backofen auf 200° vorheizen
3. Ananas schälen und in Stücke schneiden
4. Reisgratin vorbereiten
5. Karamellsauce zubereiten und bei sehr milder Hitze warm halten
6. Vor dem Servieren des Brokkolisalats Reisgratin in den Backofen schieben
7. Ananas in der Karamellsauce warm halten

Ein Menü in einer Stunde?

Das ist machbar – sogar ohne Stress!

Das Versprechen, ein Drei-Gänge-Menü in einer Stunde fertig zu stellen, klingt wirklich gut. Aber ist das auch tatsächlich zu bewerkstelligen? Ja, ein Menü in 60 Minuten ist keine Hexerei, denn wir haben uns bei der Zusammenstellung der Gerichte und Menüs einiger kleiner »Hilfsmittel« bedient:

Convenience-Produkte (wörtlich »Bequemlichkeits-Produkte«), die für den Verbrauch schon weitgehend zubereitet sind und die Zubereitung enorm beschleunigen. Sie stehen in den Menüs zwar nicht im Mittelpunkt, werden aber raffiniert hineinkombiniert und mit Pfiff veredelt.

Überall erhältliche Zutaten sorgen schon vor dem eigentlichen Kochen dafür, dass Ihnen die Zeit nicht knapp wird. Die saisonale Aufteilung der Menüs macht es möglich, frische und vor allem ausgereifte Zutaten zu einem guten Preis zu bekommen.

Ein gut sortierter Vorrat reicht für viele Rezepte bereits aus, sodass das Einkaufen komplett wegfällt.

Tolle kleine Helfer und unentbehrliche Haushaltsgeräte sparen wertvolle Minuten.

Unsere Tipps und Tricks für super schnelles und effektives Kochen machen das »Küchenleben« leichter.

Im Voraus zubereiten – wenn eine Vorspeise oder ein Dessert bereits einige Stunden vorher zubereitet werden kann, sagen wir das auch. Das »entzerrt« die 60 Minuten und schafft Luft.

So bleibt alles schön warm – wenn die Gäste sich verspäten oder wenn man beim Kochen portionsweise vorgehen muss, ist Warmhalten angesagt. Der beste Platz dafür ist der Backofen bei 50 Grad. Damit alles schön saftig bleibt, mit Alufolie abdecken und keine Heißluft zuschalten, sie trocknet die Speisen aus. Während des Essens sind die Gerichte auf Stövchen bestens aufgehoben.
Apropos Teller: Besonders für Fleisch, Fisch und Saucengerichte sollte man sie anwärmen. Das geschieht entweder im Ofen oder, wenn er anderweitig belegt ist, im sauberen Geschirrspüler – einfach den Programmwähler auf Trocknen stellen.

Immer dabei: Brot – es sollte das Menü von Anfang an begleiten, wird aber spätestens vor dem Dessert weggeräumt. Erst zum Käse kommt der Brotkorb wieder auf den Tisch.

Ein Basic-Salatdressing spart Zeit, denn man kann es immer auf Vorrat parat haben: Geben Sie 3 Teile Olivenöl, 1 Teil Balsamessig, Honig oder Ahornsirup nach Geschmack (ca. 1 TL), Salz und Pfeffer aus der Mühle in einen Mixbecher oder speziellen Salatsaucen-Shaker. Gut durchschütteln und im Kühlschrank aufbewahren. Vor dem Verwenden noch einmal gründlich shaken und nach Belieben Kräuter, Knoblauch, Schalotten, Frühlingszwiebeln oder Senf zufügen.

Ein zeitlicher Ablaufplan begleitet Sie durch jedes Menü. Damit kommen Sie bei der Organisation des Menüs nicht ins Straucheln und Vorspeise, Hauptgericht und Dessert sind garantiert auf den Punkt fertig.

Ablaufplan

Drei Gerichte parallel zubereiten und pünktlich fertig haben, muss kein Problem sein. Mit dem Ablaufplan erfahren Sie, in welcher Reihenfolge Sie das Menü optimal vor- und zubereiten – manchmal ist der Nachtisch eben schon längst fertig, bevor Sie noch einen Handgriff in Sachen Hauptgericht unternommen haben! Wundern Sie sich nicht, wenn der Count-down mit dem Beginn des Essens nicht zu Ende ist – um wirklich auf den Punkt fertig zu sein, müssen Haupt- und Nachspeise vielleicht noch einmal in den Ofen, während Sie und Ihre Gäste bereits die Vorspeise genießen.

Ein Menü für jede Gelegenheit

Aus den 50 Menüs auf den vorausgehenden Seiten möchten wir Ihnen noch einige Menükombinationen mehr vorschlagen, indem wir die bestehenden Rezepte unter neuen Gesichtspunkten kombinieren. Wer beispielsweise trotz einer ausgesprochenen Einladung nicht zum Einkaufen kommt oder wem die 60 Minuten immer noch zu lange sind, der findet hier Menüs, die sich aus dem Vorrat bewerkstelligen lassen bzw. in weniger als 60 Minuten fertig sind. Wer möchte, kann das eine oder andere Menü mit Hilfe der »Erweiterung« zu einem eleganten Vier-Gänge-Menü ausbauen.

Aus fernen Ländern

Nordafrika
Lauwarmer Bohnensalat mit Tofu (S. 110)
Lammkoteletts mit Couscous (S. 40)
Avocado-Minze-Creme (S. 98)
Erweiterung: Gelbe Linsensuppe (S. 102)

Spanien
Gekühlte Gemüsesuppe (S. 36)
Hähnchenschenkel mit Kichererbsen
(S. 68)
Orangensalat (S. 104)
Erweiterung: Melone mit Serrano-
Schinken (S. 50)

Asien
Asiatische Gemüsesuppe (S. 94)
Rotbarsch mit Mango-Chutney (S. 102)
Bananen in der Folie (S. 78)
Erweiterung: Chinakohlsalat mit Senf-
sauce (S. 76)

Sparmenüs

Bohnensuppe mit Koriander (S. 54)
Schollenfilets auf Chinakohl (S. 104)
Möhren-Mandel-Dessert (S. 92)

Mozzarella-Radieschen-Salat (S. 22)
Hähnchenschenkel mit Kichererbsen
(S. 68)
Orangensalat mit Honigsauce (S. 104)

Maiscremesuppe mit Oliven (S. 80)
Zucchini-Nudel-Auflauf (S. 54)
Mandelwaffeln mit Pflaumen (S. 110)

Für besondere Anlässe (Vier-Gänge-Menüs)

Eichblattsalat mit Roquefort (S. 100)
Fischsuppe mit Dill (S. 62)
Hasenfilet mit Lauchpüree (S. 96)
Birnentarte mit Haselnüssen (S. 68)

Zuckerschoten mit Putenleber (S. 14)
Kalte Gurkensuppe (S. 42)
Kalbsgeschnetzeltes mit Spargel (S. 36)
Beerengratin (S. 36)

Forellencrostini auf Feldsalat (S. 60)
Austernpilz-Risotto (S. 88)
Entenbrust auf Sherry-Linsen (S. 90)
Portweinbeeren mit Vanillepudding
(S. 108)

Aus dem Vorrat

Artischocken-Cremesuppe (S. 64)
Kabeljau in Cidre-Sauce (S. 72)
Brombeerquark (S. 52)

Maisscremesuppe mit Oliven (S. 80)
Tagliatelle mit Garnelen (S. 22)
Nougatcreme auf warmen Kirschen
(S. 72)

Farfalle auf Austernpilzen (S. 74)
Kabeljau mit Zitrone (S. 48)
Orangencreme (S. 28)

Super einfach

Brokkolisalat mit Salsa-Sauce (S. 112)
Schweinefilet mit Schalotten (S. 92)
Avocado-Minze-Creme (S. 98)

Kürbissuppe mit Orange (S. 70)
Roastbeef mit Rucola (S. 42)
Pfirsichsalat mit Bromberen (S. 42)

Gekühlte Rucola-Erbsen-Suppe (S. 44)
Kartoffelgnocchi mit Pilzsauce (S. 108)
Melone mit Himbeersauce (S. 46)

Blitzmenüs

Mini-Romana mit Sardellensauce (S. 106)
Hähnchenbrust mit Zitrone (S. 46)
Erdbeeren auf Stracciatellacreme (S. 48)

Melone mit Serrano-Schinken (S. 50)
Kalbsgeschnetzeltes mit Spargel (S. 36)
Gratinierte Kaki (S. 88)

Kalte Gurkensuppe mit Kefir (S. 42)
Lammgeschnetzeltes (S. 16)
Brombeerquark mit Pinienkernen (S. 52)

Kein Menü ohne Getränke

Happy beginning ...
Der klassische Willkommensdrink ist ein Glas eiskalter Sekt, Prosecco, spanischer Cava oder, wenn es ganz edel sein soll, Champagner, der pur oder mit frisch gepresstem Orangensaft gereicht wird. Raffinierter und ganz en vogue ist Prosecco mit einem Schuss Aperol (italienischer Aperitiflikör), aber auch Bellini, Pfirsichpüree und/oder Pfirsichlikör, mit Prosecco oder Sekt aufgegossen. Je nach Saison kann man mit verschiedenen Früchten variieren. Sie werden jeweils püriert und mit eiskaltem Schaumwein aufgegossen:
Im Frühling mit Erdbeeren und/oder Holunderblütenlikör.
Im Sommer mit Himbeeren, Zucker- und Honigmelonen oder Aprikosen.
Im Herbst mit reifen Birnen oder Cranberrysaft.
Im Winter mit köstlichen Exoten, vor allem Mangos, Passionsfrüchten (Maracujas), Kiwis und Litchis.

»Klassiker« kommen immer gut an:
Martini – in gekühlte Cocktailgläser Eiswürfel und 1 Zitronenscheibe geben, 4–5 EL Martini Dry darüber gießen, umrühren.

Margarita – Gläserrand befeuchten und in Salz tauchen. 3 EL Tequila mit 1 EL Zitronen- oder Limettensaft, 1 EL Orangenlikör und Eiswürfeln mixen, ins Glas abseihen.
Mojito (ganz »in« bei den Beautiful People) – Eiswürfel mit 3 EL Limettensaft, 1 TL Rohrzucker und 1 großen Zweig Minze in ein hohes Glas geben und mit 4 EL weißem Rum und Sodawasser auffüllen.

Reichen Sie dazu unbedingt Fingerfood – Salzmandeln, Erdnüsse oder Knabbergemüse (zartes Gemüse, in Stäbchen geschnitten, mit Dips).

... und Happy end
Zum Après-Menü, also nach Dessert und Käse, mögen viele einfach ein Glas Sekt, manche freuen sich über einen guten Cognac, einen edlen Grappa oder Obstbrand – all das kann man gut bereithalten. Bei Trendsettern beliebt sind Bitterliköre aus Italien wie Averna, Ramazotti,

Strega oder Fernet. Eine schöne Sitte aus Frankreich: als Digestif – Verdauungselexier – eine Tasse aromatischen Kräutertee servieren (vorzugsweise Verbene/Eisenkraut).

Bieten Sie danach noch Kaffee, Mokka oder Espresso an – wenn es heiß ist als »Frozen Coffee« oder Frappé. Dafür reichlich Eiswürfel im Küchentuch grob zerschlagen, mit starkem, frisch gekochtem und nach Wunsch gesüßtem Kaffee oder Espresso in den Mixer oder die Küchemaschine geben, kurz durchmixen. Den soften Kaffeeschnee in Gläser füllen, mit Zimtstange oder Sahnehäubchen garnieren – Erfolg garantiert!

Wein – die Qual der Wahl

Das Weinangebot aus Deutschland, Österreich, Italien, Spanien und Frankreich ist heute enorm. Aber auch Weine aus Übersee (Kalifornien, Australien, Südafrika oder Chile) kommen immer mehr in Mode.

Welcher Wein wozu?
In der Regel trinkt man leichte Weißweine zu Fisch und Meeresfrüchten sowie zu hellem Fleisch wie Geflügel und Kaninchen.
Rotweine – z. B. Chianti und Vino nobile de Montepulciano aus der Toskana, Barbera, Barbaresco, Dolcetto aus dem Piemont, roter Frankenwein oder Rioja aus Spanien –

harmonieren mit dunklem Fleisch, Wild und Wildgeflügel.
Roséweine passen besonders gut zu leichten Fleischgerichten, Gemüsegerichten, Geflügel und Fisch.
Grundsätzlich serviert man leichte Weine vor schweren, trockene vor lieblichen und jüngere Jahrgänge vor älteren. Schwere, süße Weine serviert man zu besonderen Vorspeisen oder zum Dessert.
Weitere Kriterien für die Auswahl des Weines sind Jahres- und Tageszeit. Im Frühling und Sommer und zum Mittagessen sind frische, spritzige Weine zu empfehlen,

während man im Herbst und Winter sowie zum Abendessen Rotwein bevorzugt.

Wichtig: Die perfekte Temperatur
Für leichte, frische Weißweine (z. B. Riesling, Chardonnay) und Rosé oder Weißherbst (aus Navarra, der Provence) sind 9–11° ideal. Kräftige Rotweine sollte man einige Stunden vor dem Servieren öffnen oder in eine Karaffe füllen (dekantieren), damit sich das Bukett entfalten kann. Die ideale Temperatur für Rotweine liegt bei 16–18°.
Süße Weißweine, Spät- und Auslesen sind bei 12–14° perfekt.

Der letzte Schliff fürs Menü

Nicht allein Essen und Trinken sollten einen Abend zu einem Erlebnis werden lassen. Es sind viele »Kleinigkeiten«, die Spaß machen und an die man sich noch lange erinnert.

Fingerfood zum Aperitif
Beliebt sind <u>Grissini, Tacochips, Brotchips & Co.</u> mit Dips:
<u>Avocado-Dip</u>: 1 reife Avocado mit Zitronensaft pürieren, mit Salz, Peffer, Cayennepfeffer würzen.
<u>Pesto-Dip</u>: Fertigen Pesto mit Quark verrühren, mit Zitrone abschmecken.
<u>Schafskäse-Dip</u>: Gleiche Menge Feta und Joghurt mit Knoblauch und roter Paprika pürieren. Mit Salz, Pfeffer und Tabasco abschmecken.

Cheese please
Käse schließt den Magen. Bereits 3 bis 4 Sorten von mild bis deftig können ein verlockendes Käseangebot präsentieren. Neben einem großzügigen Stück Kräuterrahmkäse, topreifem Camembert oder Brie und rassigem Gorgonzola oder Roquefort wird ein dekorativer Ziegenkäse mit Früchten angerichtet.

Einladend gedeckt –
trendy Deko-Ideen
Auf den jeweiligen Anlass und die Jahreszeit abgestimmt lassen sich auch mit minimalem Aufwand tolle Tischdekos zaubern:

<u>Im Frühling</u> und zu Ostern wirken kleine Kräutertöpfchen, Kressekästchen oder Primeln hübsch. Dazu weiße Federn oder Palmkätzchen.

<u>Im Sommer</u> kann man in Blüten schwelgen: Schön sind niedrige Sträußchen in Minivasen oder Streublümchen über den ganzen Tisch verteilt. Wer schlichteres Styling mag, bindet die Servietten mit langen Grashalmen, Bast oder Bändern zusammen und hängt eventuell ein schlichtes Tischkärtchen daran.

<u>Im Herbst</u> erreicht man mit buntem Laub, Kastanien und Nüssen spielend und schnell tolle Effekte. Zur Halloweenzeit Ende Oktober sind natürlich Kürbisse angesagt.

<u>Im Winter</u> sind Steine oder Muscheln ein schlicht-schöner Tischschmuck, in der Weihnachtszeit kleine Tannenzweige, Zapfen oder rotbackige Äpfel. In dezenter Dosis sieht auch Glitzerdeko nicht kitschig aus (Sternchen oder andere Motive). Und natürlich kann man zu jeder Jahreszeit mit Kerzen in allen Farben und Formen viel Stimmung schaffen.

Food-Deko – weniger ist hier mehr
Ein sorgfältig gekochtes Essen, liebevoll angerichtet, wirkt von ganz allein appetitlich und braucht nicht noch besonders garniert zu werden. Vergessen Sie also Petersiliensträußchen, kunstvoll geschnitzte Radieschen und Ähnliches.

Geschmackvolle Food-Deko sollte möglichst nie Selbstzweck sein, sondern auch eine <u>Funktion</u> haben: Zum <u>Fisch</u> sehen Zitronenhälften oder -spalten nicht nur gut aus, sie machen auch Sinn, weil sie jeder nach Gusto über seiner Portion ausdrücken kann. Zum <u>Asia-Menü</u> deckt man Stäbchen, serviert den Reis in Japanschälchen und legt die typischen kleinen Porzellanlöffel dazu.

Wer es etwas <u>künstlerischer</u> mag: Chic wirkt ein Bündel oder Gitter aus Schnittlauchhalmen auf der Suppe. Im Sommer sind essbare Kapuzinerkresseblüten oder die blauen Blütensterne des Borretsch ein echter Blickfang. <u>Cremesuppen</u> und -saucen

veredelt ein Spiralmuster aus Crème fraîche oder Sahne, die man als Klacks hineingibt und mit der Gabel oder einem Holzstäbchen verrührt. <u>Croûtons</u> kann man gut mit kleinen Förmchen austechen.

Im Übrigen gilt: Schon beim Zubereiten den Deko-Effekt im Auge behalten – <u>Gemüse</u> kann man statt in Scheiben auch in lange, dünne Stifte schneiden. <u>Blattsalat</u> wirkt duftig, wenn man die Blätter rollt und in superschmale Streifen schneidet. Schnell gemacht und immer ein Hingucker: der <u>Carpaccio-Stil</u>. Dafür Gemüse, Pilze, Fleisch oder Fisch hauchfein schneiden oder hobeln, fächerförmig auf großen Tellern arrangieren und mit würzenden Zutaten, Kräutern und/oder einer Sauce garnieren. Funktioniert auch mit Obst oder Käse als Dessert.

<u>Beim süßen Nachtisch</u> ist Verspieltes erlaubt: Gestalten Sie Muster aus Puderzucker, tauchen Sie Kräuterzweige in Zitronensaft und Zucker für einen hübschen <u>Glitzerfeffekt</u>.

Rezeptregister

Rezepte nach Speisenfolge

Impressum

Die Autorin

Cornelia Adam ging nach ihrer Ausbildung als Hotel-Fachfrau zu Sprachstudien nach England und Frankreich. Anschließend arbeitete sie bei einer bekannten Frauenzeitschrift erst als Assistentin, dann als Redakteurin im Kochressort. Seit 1986 arbeitet sie als freie Food-Journalistin für bekannte Zeitschriften. Als erfolgreiche Kochbuchautorin hat sie für bekannte Verlage über 50 Bücher veröffentlicht. In Spanien hat sie die Sprache studiert und sich dabei in das Land, seine Küche und Weine verliebt.

Der Fotograf

Für Jörn Rynio ist die fotografische Umsetzung von kulinarischen Themen Herzenssache – »was gibt es Schöneres, als dass dem Betrachter das Wasser im Munde ...«. Die Fotos für dieses Buch entstanden in seinem Hamburger Studio. Nationale und internationale Illustrierte, Buchverlage und Werbeagenturen gehören zu den Auftraggebern. Natürlich gehört dazu auch ein gutes Team: Herzlichen Dank an die Foodstylistinnen Petra Speckmann, Martina Mehldau und last but not least Sebastian Faust (Studiomanager).

Die Stylistin

Michaela Suchy war erst hinter der Kamera tätig, bevor sie vor 12 Jahren begann, Themen »rund um den Tisch« vor der Kamera zu arrangieren. Idee und Requisitengestaltung für dieses Buch tragen ihre Handschrift. Als freiberufliche Stylistin in Hamburg arbeitet und verantwortet sie überwiegend Fotoproduktionen führender Zeitschriften und Verlage.

Abkürzungen

TL	=	Teelöffel
EL	=	Esslöffel
Msp.	=	Messerspitze
Pck.	=	Päckchen
TK	=	Tiefkühl(kost)
kcal	=	Kilokalorien
E	=	Eiweiß
F	=	Fett
K	=	Kohlenhydrate

Bildnachweis

Studio Teubner S. 114 oben; alle anderen Jörn Rynio

© 2001 Gräfe und Unzer Verlag GmbH, München.
Alle Rechte vorbehalten. Nachdruck, auch auszugsweise, sowie Verbreitung durch Bild, Funk, Fernsehen und Internet, durch fotomechanische Wiedergabe, Tonträger und Datenverarbeitungssysteme jeder Art nur mit schriftlicher Genehmigung des Verlages.

Redaktion:
Dr. Stephanie v. Werz-Kovacs
Lektorat: Gabriele Heßmann
Foodfotografie: Jörn Rynio
Typografie und Layout: Kraxenberger KommunikationsHaus GmbH
Herstellung: Markus Plötz
Satz: Johannes Kojer, München
Reproduktion: Repro Schmidt, Dornbirn/Austria
Druck: Appl
Bindung: Monheim

ISBN 3-7742-2462-5

Auflage	5.	4.	3.	2.	1.
Jahr	2005	04	03	02	01